国語授業アイデア事

楽しみながら力を付ける！

国語授業の

ICT 簡単 面白

活用術50

細川太輔・鈴木秀樹 編著

明治図書

はじめに

　学校に ICT がどんどん導入され，それをどのように授業に使うのかが模索されている。国語科も ICT を活用すれば効果的な学習になるというアイデアが多く生み出されているが，その成功例が共有されておらず，ICT をうまく使える教師とそうでない教師の二極化が生まれつつある。

　筆者はその二極化の背景に ICT ありきの授業改善があると考えている。ICT は便利なのでぜひ使ってみてください，と言われても授業でどう使えばいいか分からない。そもそも子どものため，そして教師のために ICT が使われるべきなのであり，ICT がもったいないから使うわけではない。子どものため，教師のためにどう ICT を国語科の授業の中で使っていくのかは一部の教師の中にとどまっており，共有されていないと考える。筆者は ICT を使う理由を以下の３つだと考えている。

　１つ目は教科をこえた資質・能力を育成するためである。ICT を使うと問題解決能力や批判的思考力といった認知的な能力や，失敗を恐れない態度という非認知的な能力といった，教科の指導事項にとどまらない幅広い能力を身に付けることができると考える。

　２つ目は国語科の指導事項を効果的に，そして効率的に育成するためである。ICT を使って動画で知識を理解する方が文字だけで理解するよりもより効果的に，効率的に理解できる場合が多くある。そのような場合には積極的に ICT を使うことで子どもに実感のある学びをすることができると考える。

　３つ目は教師が効率よく仕事をするためである。教師が効率よく授業の準備をすることができれば，子どもに向き合う時間が取れる。また教材研究も

インターネットで場所や時間を選ばず行うことができるので，教師にとっても通勤時間を効率的に使うことができ，時間を有効活用できる。

　このように子どものため，教師のために ICT を使うことはとても重要である。そういったアイデアは実は多くの先生がもっていらっしゃるが，広く共有はされていないと考えている。それをきちんと共有できるような形で提案していくことが本書の役割であると考える。

　まず ICT をなぜ使う必要があるのか，について Chapter 1 でその背景を説明する。Chapter 2 で ICT 活用のための具体的なポイントを具体的に述べる。具体的には①子どもが思考に集中できる，②子どもの思考・表現を広げる，③子どもの「自ら探す」を引き出す，④子どもの「学び合い」を引き出す，⑤子どもの「試行錯誤」を引き出す，⑥子どもの「実感」を引き出す，⑦子どもの「論理的思考を引き出す」，⑧子どもの「学びの履歴」を残す，⑨教師が楽になる，の9つのポイントを示し，説明していく。Chapter 3 では実践編として小学校，中学校，高等学校から実践事例を50事例紹介する。どれも効果的な事例であり，読者の先生方の参考になることは間違いないであろう。

　本書が ICT を用いた国語科の授業づくりを考えている読者の先生方に，少しでもお役に立てたら幸いである。

　2019年6月

細川太輔

目次／Contents

はじめに・2

Chapter 1 理論編

ICT活用で思考力・判断力・表現力を育てる

① ICTを授業で用いる必要性・8
② 国語科で求められる資質・能力・10
③ プログラミング的思考と国語科・12
④ ICTと教師の効率性・14

Chapter 2 準備編

授業も子どもも変わる！ 目的別ICT活用のポイント

① 子どもが思考に集中できる―デジタル教科書・16
② 子どもの思考・表現を広げる―プレゼンテーション・18
③ 子どもの「自ら探す」を引き出す―Webページ・20
④ 子どもの「学び合い」を引き出す―マイ黒板・22
⑤ 子どもの「試行錯誤」を引き出す―ワープロ・アプリ・24
⑥ 子どもの「実感」を引き出す―動画・26
⑦ 子どもの「論理的思考」を引き出す―プログラミング的思考・28
⑧ 子どもの「学びの履歴」を残す―話し合いの記録・30
⑨ 教師が楽になる―デジタル教科書・32

Chapter 3 実践編

授業で使える場面別ICT面白活用術50

子どもが使う場面 表現する

① ワープロ（高学年）・書く
「Word」を活用して，子どもの創造的な表現力を育成する・34
② ワープロ（中高）・書く
情報と情報との関係を捉える・36
③ グラフ作成（高学年）・読む
統計ソフトで非連続型テキストを作成する・38

④ プレゼンテーション（中学年）・話す・聞く
　パワーポイントで伝え合う気持ちを育てる・40
⑤ プレゼンテーション（高学年）・話す・聞く
　パワーポイントで聞く人の心に届くように発表する・42
⑥ プレゼンテーション（中高）・話す・聞く
　動画とプレゼンテーションソフトで，説得力のある表現を学ぶ・44
⑦ 動画作成（中学年）・読む
　タブレット PC を使って　落語の発表会をする・46
⑧ 動画作成（中高）・読む
　Web コンテンツ風動画制作を通して映像や図像による表現について学ぶ・48
⑨ プログラミング（低中高学年）・話す・聞く
　ポスターセッションでプログラミング体験を通して深く学ぶ・50
⑩ プログラミング（中高）・文や文章・情報の整理
　文章を分析するテキストマイニングとプログラミング・52

子どもが使う場面　情報収集する

⑪ 写真撮影・カメラ（低学年）・読む（調べ学習）
　楽しく活動する意欲を高める穴探し・54
⑫ 写真撮影・カメラ（中学年）・書く
　写真撮影で子どもの学ぶ意欲を促進する・56
⑬ 録音（中学年）・話す・聞く
　音声録音機器を使って　振り返り活動を充実させる・58
⑭ 動画撮影（高学年）・読む
　動画撮影で子どもが情報を集める・60
⑮ インターネット検索（高学年）・読む・話す・聞く
　身の回りにある「和」の文化について伝えよう・62
⑯ インターネット検索（中高）・読む
　インターネット検索を活用した調べ学習・64

子どもが使う場面　読んだことを書く

⑰ 調べる⇔書く（高学年）・読む・書く
　「Word」を活用して，子どもの目的や意図に応じた表現力を育成する・66

子どもが使う場面　交流する

⑱ 画面交流（高学年）・読む
　「黒い部分」の周りにある「白い部分」を想像しよう・68
⑲ テレビ電話交流（中高）・話す・聞く
　SNS のつながりを利用したインタビュー活動・70

目次／Contents　5

⑳ メール，SNS（中高）・話す・聞く
Flipgrid を活用したクラスの壁を越えた発表 · 72

㉑ 教育用 SNS（低学年）・書く
教育用 SNS で時間の制約なく交流させる · 74

㉒ 教育用 SNS（高学年）・書く
テキストマイニングで全員の意見を可視化する · 76

㉓ 教育用 SNS（中高）・話す・聞く
テレビ電話機能を利用した学びの拡大 · 78

㉔ 三角ロジック（中高）・書く
三角ロジックで構成する「私が考える"おもてなし"」 · 80

㉕ クラスの状況可視化（中学年）・書く
共有アプリを使って　主体的に友達との関わりをもつ · 82

㉖ クラスの状況可視化（高学年）・話す・聞く
コミュニケーションツールで学級の状況を可視化する · 84

子どもが使う場面　学びの履歴を記録する

㉗ デジタルポートフォリオ（高学年）・読む
学びの履歴記録ツール · 86

㉘ kintone（中高）・書く
kintone でトレンドをハントし，企画書を作る · 88

㉙ 板書の写真（低学年）・書く
日常的に使えるみんなで集めた言葉のたからばこ · 90

㉚ ロイロノート（高学年）・話す・聞く
ロイロノートで立場を明確にする · 92

㉛ ハイラブル（高学年）・話す・聞く
ICT で子どもの振り返りを適切に · 94

㉜ 話し合い撮影（高学年）・話す・聞く
iPad の動画を活用し，よりよいスピーチに · 96

㉝ マイ黒板（高学年）・書く
学びのデジタル教科書で学びの履歴を残す · 98

教師が使う場面　理解を促進する

㉞ 電子黒板（低学年）・読む
電子黒板で子どもの思考を引き出す · 100

㉟ 実物投影機（中学年）・書く
実物投影機で成果物のイメージをもたせる · 102

㊱ デジタル教科書（低学年）・読む
デジタル教科書で音読のポイントを共有する・104

㊲ デジタル教科書（高学年）・書く
デジタル教科書で子どもの理解を促進する・106

㊳ パワーポイント（中学年）・読む
パワーポイントを活用して楽しく読む・108

㊴ パワーポイント（中高）・読む
子どもの文章の理解を促進するパワーポイント・110

㊵ 動画（中高）・伝統的な言語文化と国語の特質に関する事項
動画を用いて生徒の考えを深める・112

教師が使う場面　問題発見を促進する

㊶ パワーポイント・動画（低学年）・話す・聞く
タブレットを使い，よりよい話し方に気付くことができる・114

㊷ パワーポイント・動画（中学年）・話す・聞く
拡大画像で子どもの学ぶ意欲を促進する・116

㊸ パワーポイント・動画（高学年）・読む
パワーポイント・動画で子どもの問題発見を促進する・118

教師が使う場面　意欲を高める

㊹ ゴール動画（低学年）・読む
導入で教師のインタビュー画像を見せ，学ぶことへ興味をもたせる・120

㊺ ゴール動画（中学年）・読む
動画を活用して子どもの学ぶ意欲を促進する・122

㊻ クイズ（中学年）・書く
拡大画像で子どもの学ぶ意欲を促進する・124

教師が使う場面　活動を促す

㊼ タイマー表示（低中高学年）・話す・聞く
5分で本を紹介するビブリオバトル・126

㊽ 写真掲示（低学年）・書く
写真を写して書く意欲を促進する・128

㊾ 活動イメージ（中学年）・読む
コンテンツを使って活動イメージをもたせる・130

㊿ グラフィックオーガナイザー（高学年）・書く
グラフィックオーガナイザーで子どもの活動を促進する・132

執筆者一覧・134

目次／Contents　7

Chapter 1 理論編　ICT活用で思考力・判断力・表現力を育てる

① ICTを授業で用いる必要性

　なぜ国語科の授業でICTを用いることが必要になってきたのだろうか。それは学習指導要領が改定され，社会の変化に伴って，求められる資質・能力が変更されたことが大きいと考える。

　中央教育審議会は以下のように育成を目指す資質・能力を整理した。

　ここから分かることは，もはや国語科の知識・技能だけを身に付ければよいということではないということである。思考力・判断力・表現力等と学びに向かう力・人間性等も同時に育成することが求められている。中教審によると，思考力・判断力・表現力等は，知識・技能を働かせながら，言葉をどのように使うのかを考えたり，言葉から情報を取り出して自分の意見をもったりするという国語科の指導事項だけではなく，協働する力や問題解決能力，批判的思考力といった広い認知的能力を指す。学びに向かう力・人間性等はもっと言葉を使いたい，言語文化を大切にしたいという態度等国語科に関するものだけではなく，自分とは違う他者を受け入れる受容的な態度，失敗を恐れない態度，自分の学びを振り返る力などの非認知的能力を含めた広い資質・能力である。そういった幅広い意味での資質・能力を育てるのに技術が発達した現在ではICTを使った方が子どもにとって効果的になる場合が多

いと考える。

　子どもにとって効果的という意味は子どもにとって資質・能力を身に付けやすいという意味である。ICTを使うと資質・能力が身に付きやすいと考えられる場合は多くある。

　例えば文章を書くとする。文章を手書きで一度書いてから修正するのは大きな手間なので子どもはできるだけ直さずに済むようにしっかり考えて書くと考えられる。しかしそうであっても文章を書いているうちに「やはりここは書き直した方がよい」と思ったり，書き終わって読み直しているときに「この表現はよくなかった」「この段落は前にもってきた方がよい」と思ったりすることは多くあるだろう。そのときに子どもは文章を直そうとするだろうか。おそらくは見なかったことにして文章を書くのを終えるのではないだろうか。

　そうすると文章を手書きで書くと，文章に何か問題がないか見つけて解決する問題解決能力や失敗を恐れずに書こうとする失敗を恐れない態度等を育成するのは困難であると考えられる。

　しかしコンピュータで書くといつでも書き直しができるので，失敗を恐れずに文章を書くことができるし，修正も容易にできるので子どもはどんどん文章を直すことができる。実際に筆者が以前した研究でもパソコンを用いて文章を書いた場合多くの修正を子どもがしていたことを確認している。このようにICTを使うことで子どもは資質・能力を育成しやすくなるのではと考えている。

（細川太輔）

② 国語科で求められる資質・能力

　前項では教科を超えた広い意味での資質・能力の観点で説明してきたが、今回は国語科の指導事項に絞って説明していく。国語科の指導事項は知識及び技能と思考力・判断力・表現力等の2つで構成されている。筆者はICTを活用することで、国語科の指導事項を効率的に教えることができると考えている。

　例えば中学校1年生の知識及び技能に「共通語と方言の果たす役割について理解すること」という指導事項がある。これを教科書の解説文だけを読んで身に付けるのは困難であると考える。方言の大切さ、地域文化そのものであると文章にして伝えても、なかなか子どもは実感できない。特に東京の子どもたちの多くはイメージが湧かない。実際に方言が生活場面で使われている地域に行って方言だからこその温かさを経験できればいいのだが、それも現実的には困難である。

　それをICTを使うことで完全ではないが、解消することができる。方言を使って温かくコミュニケーションをしている場面の動画を見せたり、方言が歌詞に使われているかっこいい民舞の動画を見せたりすることで、子どもは実感をもって方言のよさに気付くことができるだろう。技術が発達した現在、紙だけで伝える必然性はどこにもなく、子どもにとって最も効果的なメディアを選ぶことが求められている。ICTは動画や音声、写真など様々なものを子どもに示すことができる。実体験をするのが一番よいのだが、それをしていると時間が足りなくなったり遠くて行けなかったりする場合が多くある。そのためICTを使うことが効果的であればICTを使うことが重要だと考える。詳しくは112ページをご参照されたい。

　知識及び技能だけでなく、思考力・判断力・表現力等もICTで育成する

ことが効果的な場合もある。例えば高学年でスピーチの学習を行ったとする。スピーチの練習をした後に振り返り，問題点を発見し改善点を考える必要がある。しかし，話した内容は消えてしまうので，本人もなかなか記憶できないし，聞いている友達も記憶を頼りに話しているのでうまくアドバイスできない場合も多くある。

そこでICTを使うとどうだろうか。ICTでスピーチを記録し，それを発表者と参観者で見たとする。そのビデオを見ながら，「ここでこう話した方がいい」「これを聞いているときに分かりにくいと思ったよ」「パネル資料をもっと上に上げた方がいいんじゃないかな。このビデオのように分かりにくいよ」といった事実をもとにした振り返りとアドバイスが可能になる。

少し前までは動画を撮ることは専用のビデオカメラが必要で高価なものだったが，最近はどのタブレットPCにも動画を撮れる機能が付いている。そういったものを使うことでスピーチをよりよくすることができるだけでなく，事実をもとにスピーチの改善点を考えるという思考力を育成することができると考える。確かにこれはICTを使わなくても育成することは可能である。しかし記憶をもとに振り返る場合，実際にそうだったかどうかという事実の確認から始まったり，事実認識がそもそも違ったりして適切なアドバイスにならない場合も多くある。またビデオを撮ることで，メモを取らなくて済むので，子どもは自分が聞く立場としてどう感じるかに集中することができるという長所もある。詳しくは96ページをご参照されたい。

このように今までできなかったことがICTでできるようになった事例は多くある。そういった場合は積極的にICTを活用し，子どもの思考力・判断力・表現力等を育成していきたい。

（細川太輔）

③ プログラミング的思考と国語科

　ICTは国語科の指導を効果的にするために重要ということを説明してきたが、プログラミング的思考を育てるという目的でも有効である。中教審はプログラミング教育の在り方について提言し、「そうした生活の在り方を考えれば、子供たちが、便利さの裏側でどのような仕組みが機能しているのかについて思いを巡らせ、便利な機械が『魔法の箱』ではなく、プログラミングを通じて人間の意図した処理を行わせることができるものであり、人間の叡智が生み出したものであることを理解できるようにすることは、時代の要請として受け止めていく必要がある。」と説明している。つまり社会の中で動いている便利な機械がプログラミングで動いていることを理解することが求められていると言えよう。

　そしてこのようなプログラミング教育を通して、プログラミング的思考等を育成すると中教審は述べている。ここで言うプログラミング的思考とは中教審によると「自分が意図する一連の活動を実現するために、どのような動きの組合せが必要であり、一つ一つの動きに対応した記号を、どのように組み合わせたらいいのか、記号の組合せをどのように改善していけば、より意図した活動に近づくのか、といったことを論理的に考えていく力」としている。つまり小学校、中学校、高等学校において、プログラミング教育はコーディングの仕方を学ぶのではなく、プログラミング的思考という資質・能力を学ぶことが求められているのである。

　それでは国語科ではどのようなプログラミング的思考を育成することができるだろうか。筆者は大きく分けて3つの方法があると考えている。1つ目は相手に何かを伝える活動を通して論理的に言葉を使えるような思考を育てることである。

例えばおもちゃの説明書を書いて相手に伝える活動を設定したときに，その手順を，順番を間違えずに，説明を抜かさずに書く必要がある。一つでも間違えてしまえば相手はおもちゃをうまく作ることができない。プログラミングで伝える相手である機械は，最も融通が利かない相手なので，少し手順を抜かしても理解してくれる人間を相手に伝える経験をすることで，将来プログラミングについて考える際の基盤になると考える。

　２つ目は実際にプログラミングをして，その論理を言葉の学習に生かすことである。　例えば ICT 等を用いて，プログラミングを用いてロボット等を動かす体験をするとする。最近は日本語でもコーディングができるようなアプリが開発されており，子どもでもプログラミングができるようになってきている。子どもがそれを経験することで手順を抜かさずに伝えることの大切さを知り，それをもとに相手に伝えることでプログラミング的思考を国語科の学習に生かすことができるだろう。国語科では情報の扱い方など論理的思考に関する指導事項が明示されており，プログラミング的思考と結び付けながら指導していくことも可能だと考える。

　３つ目はプログラミングで起こる試行錯誤のプロセスを取り入れることで，失敗を恐れない態度を育てることである。プログラミングは１回でうまくいくことはなく，何度も試行錯誤をして完成させていくものだ。子どもたちにも試行錯誤を行わせ，失敗を恐れずに挑戦し，失敗の中から問題を発見しそれを解決していこうとする態度を育成することはこの複雑な社会の中でとても重要なことである。幸い国語科は言葉を使って相手に伝え，その結果うまくいったかどうかをすぐに判断することができる教科だ。プログラミングのプロセスを取り入れた活動を積極的に行い，失敗を恐れずに新しいことに挑戦できる子どもを育てていきたいものである。

（細川太輔）

④ ICT と教師の効率性

　今までICTを授業に取り入れることが子どもにとって効果的であるということを書いてきた。ICTを使うことで様々な資質・能力を効果的に育成する可能性が増える。当然ICTを使わなければ育成できない，使えば育成できるというものではなく，うまく使うことで子どもの資質・能力を育成できる可能性が広がるという意味である。

　このICTの効果は子どもだけではない。教師の効率にとってもとても有効だと考えている。教師にとって効率的だと考える点は４点ある。

　１つは教師にとってプリント等の準備の時間を短くすることができるという点である。毎回手書きで書いていた頃はプリントを子どもに応じて変えないで同じプリントを使うか，毎回書き直しているかのどちらかだった。しかし現在ではコンピュータを使ってプリントなどを作成できるので，前回使ったものや同僚が以前作ったものを子どもに合わせて修正するだけで授業の準備をすることができる。またワープロソフトなどに入っている図形作成機能を用い，グラフィックオーガナイザーを導入したプリントを作ることも容易にできる。つまりICTを使うことによって教師にとってよいプリントを短い時間で作ることができるので，労働時間を減らし，子どものためにエネルギーと時間をさけるようになる。

　２つ目は常に教材研究ができるということである。昔は調べたいことがあれば図書館に行って調べなくてはいけなかったが，現在ではインターネットで場所を選ばず調べることができる。気になれば電車の中ででも調べることができるので，教師にとってうまく時間を使うことができる。また移動中やプライベートのときに教材になりそうな瞬間があればいつでもそれをスマート

フォンを使って写真や動画に撮り，授業で子どもに見せることができる。ICTが発達していなければその写真を撮るのに何時間も待たなければならなかったかもしれない。しかし現在であれば空いた時間や特に教材研究のために特別な時間を使うことなく，教材研究ができるので時間を有効活用することが可能になる。

　3つ目はコンピュータに任せられるところは任せて，教師が集中すべきところに集中できるということである。例えば教師が範読をしてそれを聞かせてもよいが，コンピュータに音読させて教師が子どもの観察や支援に回るということもできる。また早く終わった人はコンピュータの画面を見て次にすべきことを伝えるという方法もある。授業中様々なところに教師は注意を向けなければならないが，いくつかをICTに任せることで教師にとって効率的に授業をすることができるだろう。

　4つ目はICTで記録を取ることで評価に生かすことができるということである。話し合いの記録や，音読劇，ポスターなどをデジタルで記録に残しておき，それを評価する際の資料にすることができる。ICTがなければ，その記録を取るのに，その場で書き写すなどして記録をつけなければならなかったが，今は簡単に写真や動画を撮ることができる。それを積み重ねていけば子どもの長期の変化も見ることができるし，子ども自身が成長を自覚する際の資料とすることもできる。即座に記録を取ることができるというのは教師にとって効果的かつ，効率的に評価するのに役立つと考えられる。

　このようにICTを使うことは教師にとっても，効率的に仕事ができるチャンスとなる。教師が効率的に仕事ができればその分時間に余裕ができ，子どもに時間やエネルギーを向けることが可能になり，結局は子どものためになると考える。

（細川太輔）

Chapter 2 準備編 授業も子どもも変わる！ 目的別ICT活用のポイント

① 子どもが思考に集中できる―デジタル教科書

　デジタル教科書には，子どもが思考に集中するための仕掛けがたくさん入っている。

　まず「読む」ときのための仕掛け。大抵の学習者用デジタル教科書には読み上げ機能がついている。合成音声による不自然なものではなく，朗読を録音したものが入っているので，とても聞きやすい。これを授業で使うとどうなるだろうか。スピーカーから流れる音を全員で聞くだけでも効果は大きいが，より効果的なのは一人一人が学習者用デジタル教科書を持っていて学習する場合である。

　説明文教材の初読の際，この読み上げ機能を使わせたことがある。子どもは一人一人が持っているタブレットにインストールされている学習者用デジタル教科書を開き，ヘッドフォンを使って録音された音声を聞きながら本文を読んだ。

　その結果収録されている朗読音声自体は差がないのに，子どもが読み終わる時間には大きな個人差が生じた。最初は機械のトラブルかと思ったが，そうではなかった。時間のかかった子どもに聞いてみたところ，「分からなかったところを繰り返し聞き直して読んだから」という理由であった。

　普段の授業では，教師が範読するにせよ，子どもに輪読させるにせよ，同じところを繰り返し読むことはあまりしないのではないかと思う。せいぜい子どもが読み間違えたときにもう一度読ませるとか，教師が正しく読み直すくらいではないだろうか。

　ところが何人もの子が，一度読んだ（聞いた）だけでは内容を理解できなかったために読み（聞き）直していた。聞き直していた箇所はもちろん子どもによって様々だから，これは紙の教科書を使った一斉授業では対応ができない場面で

16

あると言えるだろう

　さらに子どもに「デジタル教科書の読み上げ機能を使ってみてどう感じたか」を聞いてみたところ，「聞き返しができる」「集中して読める」「内容を理解しやすい」「自分のペースで読める」「読み手が上手」といったポジティブな感想が並んだ（ネガティブな評価は「読むスピードが遅い」というものだけであった）。裏を返せば，普段の授業で輪読させている場面では，極端に言えば「下手な読みを聞きながら読むことでペースが乱され内容を理解しにくい」「一度読んだだけではよく分からなかったけれど，どんどん進んでいくから分からないところは分からないまま読んでいく」「早く先へ進みたいのに先生が余計な解説を入れるから文章に集中できない」というようなことが起こっている可能性があるということだ。そうした状況に陥っている子どもに「初読の感想」を求めるのは酷ではないだろうか。

　「教科書に書かれた文章」と「友達が読み間違えた文章」の違いを頭の中で補正したり，一度読んだだけではよく分からなかった箇所をとりあえずそのままにして（分かったことにして）先を読む，といった余計な作業を頭の中でしている子どもに，「初めて読む文章の内容を理解する」ことに専念させる。ICTによって「子どもが思考に集中できる」というのは，例えばこういうことなのである。

　学習者用デジタル教科書には，その他にも文字の大きさや行間の広さ，書体や背景の色などを調整して自分の「読みやすい教科書」に調整する機能が実装されていることがある。一文ずつマーカーで示して，どこを読んでいるかを見失わなくなるような仕掛けもあるし，読み上げ機能のスピードを調整できる場合もある。こうした仕掛けによって，子どもがそのときにすべき思考に集中できるようにするのは，ICTの得意技と言っていいだろう。

（鈴木秀樹）

② 子どもの思考・表現を広げる─プレゼンテーション

　プレゼンテーション・ソフトを使うと子どもの思考・表現は一気に広がりを見せる。そう書くと，読者の中にはアニメーション等の効果を駆使した凝ったスライドを見せつつ立派に語る子どもの姿を思い浮かべる方もいるかもしれないが，その前に，印刷物に使うことを考えてみよう。

　例えば「俳句を作る」学習。身近なところに素材を求め，五・七・五のリズムに載せつつ季節を感じさせる言葉を選んでいくわけだが，その成果物作成にプレゼンテーション・ソフトを使うと活動は一気に盛り上がる。タブレットやデジタル・カメラで，自分の俳句に合った写真を撮ってくる。撮ってきた写真をスライドに載せ，俳句を重ねる。インクジェットプリンターでカラー印刷してあげる。たったそれだけでも，ズラッと並べて掲示すれば教室の雰囲気もガラッと変わるし，子どもたちの俳句に対するモチベーションも上がる。

　（プレゼンテーション・ソフトを使った活動としては新聞づくりもおすすめである。「スライドのサイズは，横長のワイドか４：３しかない」と思われている方が多いようだが，実は「A4縦」等の設定も可能で，新聞づくり等にも対応できる。）

　印刷物を作ることを通してプレゼンテーション・ソフトの利用に子どもが慣れてきたら，いよいよ発表に挑戦させる。人前に出て話すのが苦手という子も，スライドを映しながらであれば，何を話せばよいのかいつでも思い出せるし，聞き手もスライドの方に注目するので，助けになって話しやすくなるという利点もある。

　もちろん模造紙で表現したって構わないし，画用紙を何枚も使って紙芝居のようにしても構わない。ICT を使うにしても，書画カメラで写真やレポートを大写しにするだけでも発表はできる。

　なぜプレゼンテーション・ソフトを使うのか。理由はいくつかある。まずは，美しく作れるから。写真にしても文字にしても，拡大コピーしたりマジ

ックで大きく書くのとはレベルの違う美しいスライドが作れる。次に作るのが簡単だから。大きな紙に手書きできれいに書くのは大人でも難しいが，プレゼンテーション・ソフトなら字の大きさや書体をいろいろと試しながら「より美しいスライド」を作っていくことができる。そして3つ目は発表の内容を考えながら試行錯誤していくことができるからである。これは重要なポイントである。はじめは ABC の順で発表しようと思っていたけれど，実は ACB の順の方がよかった。あるいは，X ということが大事だと思って準備を進めていたけれど，そのうちに Y の方を強調したくなってきた。発表の準備をしてきたけれど，新しい情報が手に入ったので結論自体変えたい。そんなとき，模造紙に書いていたらはじめから作り直しになってしまうか画用紙を上から貼って直すかになってしまうので，子どもは直そうとしないであろう。しかしプレゼンテーション・ソフトであれば順番も内容も修正も容易なので子どもは進んで直そうとするであろう。

　つまりプレゼンテーション・ソフトの最もよいところは，子どもが自分の考えたことを手軽に外に出せることなのである。模造紙でも画用紙でも，思考を外に出すことは可能だ。しかし，外に出すこと自体に手間がかかるので，肝心の思考の部分を問い返すことができにくい側面がある。その点，ICT を活用すれば外化の部分はササッと済ませて，自分が一番伝えたいところはどこなのかをじっくりと考えられるし，そこが固まれば自分の伝えたいことを，より分かりやすく伝えるためにはどうしたらよいかという表現の段階に進んでいくことも容易である。

　ところで，子どもの思考を外に出す，表現させるのに使う ICT はプレゼンテーション・ソフトだけではない。先日，作曲用のソフトであるボーカロイド教育版を使って五七五七七の歌詞がぴったりはまる簡単な曲を作って子どもたちに配布し，短歌づくりに挑戦させてみたが，子どもたちはかなり盛り上がって熱心に短歌づくりに取り組んでいた。こんなアプリ，国語には関係ないと決めつけずに可能性を探ってみると，子どもの思考や表現を広げる使い方が意外なところで見つかる。

（鈴木秀樹）

③ 子どもの「自ら探す」を引き出す― Web ページ

　国語において「調べる」活動のツールと言ったら，まずは国語辞典ということになろう。しかし，国語辞典の価値が下がったわけではないが，現在の様相はだいぶん変わってきた。

　一つは電子辞書の存在である。国語辞典の場合，分厚く重い1冊で入っている情報は（当然のことながら）国語辞典だけだが，電子辞書だと小さい筐体の中に何種類もの辞書が入っている。ちょっと調べてみると，小学生向けとして販売されている電子辞書でも，国語辞典，漢字辞典，アクセント辞典，類語辞典，ことわざ辞典などが入っている。情報量だけなら電子辞書の圧勝である。

　1人1台タブレットの時代がやってきたら，またずいぶんと事情は変わってくるだろう。電子辞書の場合，インストールされている辞書類は紙でも出版されているもの，すなわち編集者がいて内容についての責任を負っているが，タブレットで Web ページを検索するとなるとそうはいかない。きちんとした辞書をベースとした Web サイトもあるが，基本的には扱える情報量が格段に増えるのと引き換えに，信頼性の低い情報にあたる可能性が大いに増えてしまう。そうした玉石混淆の情報の中からどうやって自分に必要で，適切な情報を探してくるのか。これは大人でも難しい問題であることは言うまでもない。

　その一つの解が「子ども向け学習 Web サイト」だろう。ここを見ていれば安心だと考える。ここで検索すれば安心，という Web サイトがあれば，授業者にとっても不安材料が一つ減ることになる。しかし，それはゴールにはならない。それは，子どもはすぐにそこでは飽き足らずにインターネットの広い世界へ旅立っていくからである（まさかこの本を読んでいる方で「うちの自治体は指定されたサイトしかアクセスできないようになっているから大丈夫」と考える方はいらっしゃらないとは思うが，子どもたちがインターネットにアクセスする手段が学校の PC だけであるはずがない。資質・能

力とはいついかなるときにも通じるようなものであると考えるならば，そういった考え方はできないはずである）。

　玉石混淆の情報の海の中から，どうやって信頼性の高い情報を探し出すか。その方法をどのように教えるか。様々な考え方があるが，これは検索技術の話ではないと考えている。むしろ，「調べたことをどう使うか」をきちんと教えるべきではないだろうか。

　前節で，自分で作った俳句をプレゼンテーション・ソフトで印刷物に仕上げる実践を紹介した。そのとき，自分で撮ってきた写真ではなく画像検索で見つけた写真を使いたい，と子どもが言ったら先生方はどうするだろうか？学校で掲示する分には，著作権法上の問題はない。しかし，そこで単純に「いいよ」とは言わずに「出典を入れようね」と指導すべきだろう。子どもが検索サイトの URL を貼ってきたら，「そこじゃなくて，その写真を使っている元の Web サイトを探してごらん」と指導する。すると子どもは途端に困った局面に立たされることになる。

　「この絵が載っていたのはこの Web サイトですが，この絵を描いたのは違う人みたいです！」

　「ぼくが使おうとしていた写真がいくつもの Web サイトで使われていてどれが本物か分かりません！」

　「よく見たら写真の上に薄く文字が入っています！（有料画像サイトの写真を使おうとしていたのですね）」

　こうした問いの答えを一つ一つ探していくうちに，子どもは検索技術を高めると同時に「インターネット上の情報って割とあてにならないものが多いのだな」「信頼できる情報を探すのって大変なことだったんだな」ということを体験的に学んでいくことになる。

　子どもの「自ら探す」を引き出すには，「探す」で終わりにせず，「探したものを使えるようにする」ことをゴールに設定することが重要であると私は考える。

（鈴木秀樹）

④ 子どもの「学び合い」を引き出す―マイ黒板

「ノートに書いたものを見せ合いながら交流する」という場面を授業の中で設定することはしばしばあるのではないだろうか。しかし，そうした交流の場面で，ノートを見せ合うのに消極的な子どもがいないだろうか。理由を聞いてみたところ，以下のような答えが帰ってきた。

・自分の汚いノートを他の人に見られたくない。
・間違いがあると分かったときに消して直さなければならなくなる。
・正しいことを書けているか自信がない。
・書くだけでかなり時間がかかるので，その上，見せ合うことまでしようとは思わない。

そう思わせてしまう私の指導が至らないのは間違いないのだが，同じ子どもたちがデジタル教科書を使うと積極的に見せ合おうとする場面が見られた。これは，なぜだろうか。

そのとき，使っていた光村図書出版の学習者用デジタル教科書には「マイ黒板」という機能が実装されていた。これは「読むこと」教材についている機能で，画面が2分割されており，画面上は黒板のような画面，画面下は教科書の本文となっている。指やスタイラスペンで画面下の本文をなぞると，なぞった箇所が付箋となり，画面上の黒板に切り抜かれる。画面下の本文は隠すことも可能で，その場合は画面全てを黒板として使うことができる。また，国語でよく使う言葉（「問い」「答え」「理由」等）のスタンプや，簡単な図形を作成することも可能となっている。

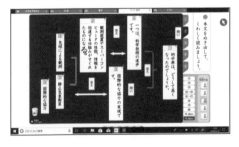

このマイ黒板を利用してまとめたことを友達と見せ合う交流を授業に取り入れたところ，子どもたちは非常に積極的に交流活動を行った。そして，友達のマイ黒板を見て自分のマイ黒板との違いを発見すると，友

達に指摘したり，自分のマイ黒板を修正したりしていた（「○○くんのマイ黒板をそのままもらいたい」という子もいた）。

　紙のノートだと交流を嫌がる子どもたちに何が起こったのだろうか。先程の「ノートを見せ合う交流に消極的な理由」をもう一度見返してみよう。「自分の汚いノートを他の人に見られたくない」と考えている子も，マイ黒板ならきれいに仕上がっているから，見せることに抵抗がなくなる。「間違いがあると分かったときに消して直さなければならなくなる」のはノートもマイ黒板も変わらないが，消しやすさが違う。ノートだと消しゴムでゴシゴシとこすり，しかも完全にきれいには消えないが，マイ黒板なら一瞬でまっさらの状態に戻せる。「書くだけでかなり時間がかかるので，その上，見せ合うことまでしようとは思わない」という子も，マイ黒板なら仕上げる時間が短縮されるので問題にならない。そして，ここが重要なのだが，「正しいことを書けているか自信がない」子どもも，マイ黒板に書いたことなら「見た目はきれい」「間違っていてもすぐ直せる」ことからためらわずに見せ合うようになったのである。

　授業後の振り返りでは，「マイ黒板だときれいに線が引けて分かりやすいし，それにペンでさらに矢印をつけることで，より詳しくなってパッと見ただけですぐ分かるのがいいと思った。これをすることで，次回はさらに学習を深められそう」「マイ黒板にまとめたことだけでも大体の文章の内容が分かって，文章を読んでいない人でも分かりそう！」「みんな違う意見で，合わせるのがムズイ，逆におもしろかった」といった感想が並んだ。

　こうした交流を行う上では，やはりタブレットが適していると言わざるを得ない。学校現場にどのような PC を導入するか，という議論においては，デスクトップはもちろん，ノート PC の時代も終わりつつあるのかな，と感じる。

（鈴木秀樹）

⑤ 子どもの「試行錯誤」を引き出す—ワープロ・アプリ

　作文を書くことが好きな子と嫌いな子，あなたのクラスではどちらの方が多いだろうか？

　私が担任したクラスでは「作文が嫌いな子」というか「作文を書くのが面倒な子」が毎回多い。それも無理はないかな，と考えている。書く材料を集めたり構成を考えたりした後，細々としたルールを守って原稿用紙に書いていかねばならず，字を間違えたり原稿用紙の使い方のルールを間違えれば教師に指摘されて修正を余儀なくされる。その修正もわずかで済む場合もあるけれど，かなりの部分を消さねばならないし，最悪の場合，書き直しになってしまうこともある。「試行錯誤」といったレベルに至る前の段階で「作文，面倒だな」と思うのも無理はないと思う。何を隠そう，私自身も子ども時代，そのように感じていた。

　そんな私にとって，ワードプロセッサー（以下，ワープロ）は福音だった。間違えても修正は容易，文章の順番の入れ替えだって簡単，細かなルールは自動的にワープロが守ってくれる，鉛筆も消しゴムもいらない，出来上がりは活字。タイピングの技術さえ身に付けばこんな楽なものはない。初めてワープロに触れたのは大学生のときだったが，「これはもう手書きには戻れない」と感じた。

　そのため，自分のクラスの子どもにも積極的にワープロを使った作文に取り組ませている（学校の方針で手書きで書かせなければならない文集のための作文を書かせるときは「ごめんね」と思う）。

　しかし，ただワープロを使わせれば，それで立派な作文が出来上がるわけではない。やはりワープロに向かう前に材料を集めたり，構成を考えたりといった作文指導は必要だし，ワープロで作文を書かせるときならではの注意点（誤変換をよく見直す等）もある。

　とはいえ，どうせ ICT を活用するなら，ICT なしにはできない書き方にも挑戦させたいものだ。

「美術館に行って展覧会を鑑賞し，自分のお気に入りの絵を決め，その絵を紹介する音声ガイドを作成する」という実践（注１）を行ったことがあった。そのときのクラス（６年生）では，ワープロを使うのは日常的なことになっていたので，その実践のときは一歩進めて，音声ガイドの文章を書くことに Wiki を活用した。Wikipedia で有名な Wiki の技術を使い，学級専用に作った Wiki サイトを使ったのだ。

　学習の流れは以下の通りである。教師が音声ガイドを作る絵の画像を貼り付けた Wiki のページを作っておく。子どもは自分の音声ガイドの文章をWiki のページ上で書く。書いたものは，書きかけの段階からクラスの全員に対してオープンだから，書きながら友達に読んでもらい，コメントを付けてもらうことができる。このコメントが推敲の材料になるわけだ。

　実際，「どうして，金子みすゞの詩につながったのか，みんな分かる？」「分かんない…」「そっか…。やっぱ？だよね。変えます」「うん，みんなで共感できた方が意味が通じていいと思うよ。でもあなたの思ったことが優先だよね…」といったやり取りが Wiki のコメント欄上で取り交わされ，子どもたちは客観的な視点を得て，推敲を進めていくことができた。教師に指導されてではなく，子どもたちの間の学び合いの中で試行錯誤が引き出されていった。

　「下書きの段階から子ども同士で作文を読み合い，コメントを付け合って試行錯誤していく」という活動が ICT なしに実現できるだろうか。私には想像がつかない。逆に ICT を使えば，同様の活動を行う方法は Wiki だけでなく様々な形が考えられる。学級内 SNS を使うことも考えられるだろうし，Microsoft Office365を使って Teams（チャットツール）と Word（ワープロ）を組み合わせることで作文を通じた学び合いの環境を構築することも可能である。ICT は子どもの「試行錯誤」を引き出すツールなのである。

(鈴木秀樹)

１）鈴木秀樹 "Wiki が支える学び合いによる音声ガイドの作成 - 国語教育と鑑賞教育のクロスカリキュラム -" CIEC 研究会報告集 vol.6, pp.3-10, 2015

⑥ 子どもの「実感」を引き出す─動画

　これは世代によって感覚が分かれるところかもしれない。自分が知らない新しいことを学ぶとき，あなたは次の手法のうち，どれを選ぶだろうか？
　　・そのことを知っていそうな人に聞く。
　　・そのことについての書籍を読む。
　　・そのことについての Web ページを検索して読む。
　　・そのとこについて解説した動画を見る。
　どれがいいとか悪いとかの話ではないが，若い世代になればなるほど「動画を見る」ことで学ぼうとする傾向は強いように思う。そうでなければYouTube に載っている小中高校生向けの各種解説動画の再生数は説明がつかない。実際，私が自分の学級で子どもたちの調べ学習の様子を見ていても，動画を見たがる子は多い。
　③で述べたように「調べたことをどう使うか」の指導は必要だが，動画を見て学ぼうとすること自体は悪いことではない。むしろ動画を見て学ぼうとすることは世界的な傾向と言えるだろう。世界中の大学が，インターネット上で誰もが無料で受講できる大規模な開かれた講義＝ MOOCs（Massive Open Online Courses）に積極的に取り組んでいるのは，「動画だと学びやすい」と考える人々が増加していること，そして同時に「動画だと教えやすい」あるいは「動画でなければ教えられないことがある」と考える人々が増加していることの証だろう。
　国語の学習でも積極的に動画を活用する場面がもっとあってもよいのではないかと私は考えている。これは何も「NHK for school にアクセスして国語の番組を見せましょう」ということだけを言っているわけではない。
　物語教材に「今では使われていない道具」が出てくることがある。例えば「かまど」。現代の家庭で昔ながらの「かまど」がある家はほとんどない。そんなものを子どもが，せいぜい教科書に載っている挿絵から得る情報だけでイメージできるだろうか？　NHK アーカイブス回想法ライブラリーには

「昔のくらし」「昔の道具」といったカテゴリーに分けられて様々な道具や，昔の生活の様子が紹介されている。こうした動画を見た方が，文字情報や挿絵の情報から想像するよりも「かまど」をイメージできるだろう。

　国語の場合，テキストから情報を読み取ることが大切なのは言うまでもないが，テキストだけでは読み取れない情報のうち，「想像しても分かるわけがない」というようなことや学習課題とは離れた周辺の情報などは，積極的に動画を使って教えてしまっていいのではないだろうか。

　しかし，動画を使うことが逆効果になることもある。「さけが大きくなるまで」（教育出版２年）を教えたときの失敗談である。この説明文では，サケが遡上して卵を生み，その卵から生まれた稚魚が大きくなって川に戻ってくるまでが書かれている。写真が何枚もあるが，子どもたちにサケが川を遡上するダイナミックな様子を動画で知らせたいと思い，学習のまとめの時間にNHK for schoolにあった「サケの産卵」という２分ちょっとの動画を見せた。途中までは，自分たちが学習した通りのサケの一生に納得しながら見ていたのだが，最後に産卵を終えたサケの死骸が川を流れていく映像になると様相が一変した。「さけが大きくなるまで」には，産卵を終えたサケがどうなるかまでは書いていない。子どもたちには相当に衝撃的な場面だったようで，授業後の感想はそれまでに学習したことは全て飛ばされて「サケがかわいそう」一色になってしまった。

　動画を見せることは両刃の剣でもある。テキストに書いていないことを実感をもって知らせる上ではこの上ない武器になるが，よく考えて動画を選ばないと国語の学習を邪魔することにもなる。子どもにどのような学習をさせたいのかを考えて教師が選択していく必要がある。

（鈴木秀樹）

⑦ 子どもの「論理的思考」を引き出す─プログラミング的思考

　2020年からの小学校における必修化がきっかけとなってプログラミング教育の話題があちこちで盛んである。週末ごとにどこかでプログラミング教育のセミナーが開催され，学校での公開授業も非常に多くなっている。

　文部科学省の「小学校プログラミング教育の手引（第二版）」を見ると，「小学校段階のプログラミングに関する学習活動の分類」は以下のように示されている。

　A　学習指導要領に例示されている単元等で実施するもの

　B　学習指導要領に例示されてはいないが，学習指導要領に示される各教科等の内容を指導する中で実施するもの

　C　教育課程内で各教科等とは別に実施するもの

　D　クラブ活動など，特定の児童を対象として，教育課程内で実施するもの

　E　学校を会場とするが，教育課程外のもの

　F　学校外でのプログラミングの学習機会

　このうち，国語の授業でプログラミング教育を行うとすれば，それはB分類にあたるわけだが，これがなかなか難しい。国語に限らないが，教科領域のねらいは確固たるものがあるのに，そこに横からプログラミング教育を投げ込んできて，これを取り入れることによって「教科等で学ぶ知識及び技能等をより確実に身に付けさせること」と言われてもどうしたらよいものか悩む。そのため，実は各地のプログラミング教育セミナーでも「B分類はあきらめて，とりあえずA分類，あとはC分類でいきましょう！」のような趣旨のものが一定数あるように思う。

　この問題に対する明確な答えは，私もまだ持ち得ていない。「Scratchで絵本を作りましょう」のようなことでよければプログラミング教育を国語に取り入れていくことも難しいことではないのかもしれないが，そうした実践は何もプログラミングを取り入れなくてもできるし，むしろプログラミングという余計な手間をかけることが国語としては迷惑だったりもする。

だからといって「国語にプログラミング教育なんていらない」と考えるのは早計だろう。私は「プログラミングを通して身に付けたプログラミング的思考を『国語』で役立てられる場面はあるか」を探っていきたいと考えている。

　プログラミング的思考は中教審によれば「自分が意図する一連の活動を実現するために，どのような動きの組合せが必要であり，一つ一つの動きに対応した記号を，どのように組み合わせたらいいのか，記号の組合せをどのように改善していけば，より意図した活動に近づくのか，といったことを論理的に考えていく力」と定義される。コンピュータを活用してプログラミングを習得していくことで上記のようなプログラミング的思考が身に付くのなら，それが国語で生かされる場面もあっていいはずだ。

　例えば，発表をする場面。資料を集める。集めた資料から使うものを選ぶ。発表の内容を考える。発表の工夫について考える。発表の練習を行う。見直すべき点があったら修正する。こうした手順は極めてプログラム的である。プログラミング体験によってプログラミング的思考が身に付いたのなら，発表の場面でそれが生かされて然るべきだろう。

　では，「国語におけるプログラミング的思考の働き」はどのように評価すればよいのだろうか。国語においてプログラミング的思考が働くためには，どのようなプログラミング体験が適しているのだろうか。それは国語の枠内で行うべきなのだろうか，それとも他の枠で行ったものを国語で生かすような発想が必要なのだろうか。

　考えなければならないこと，試していかなければならないことは山のようにある。それを「大変な時代に教師になってしまったな」と思うのではなく，「いろいろと試せるいい時代に教師になった！」と思って探究していきたいものである。

（鈴木秀樹）

⑧ 子どもの「学びの履歴」を残す―話し合いの記録

　ICT は人間の機能を拡張する。例えば記憶。各種研究会やセミナーで，講演の発表スライドをスマホ等で撮影した経験をおもちの方は多いのではないだろうか。あるいはご自身ではされなくても，撮影している人を見かけたことはあるだろう。

　なぜ発表スライドを撮影するのか。そのスライドに書かれた情報が重要なもので，自分の記録としてとどめておきたいからだろう。記録にはとどめておきたいけれど，講演者がそのスライドを映しているわずかの時間に全てを記憶することはできない。手帳にメモするには時間が足りない。だから撮影をする。これは記憶力を ICT で補完しているということになる。

　子どもたちはこの記憶の問題にどう対処しているだろうか。教師が板書したことは記録としてとどめておきたい。でも，黒板に書かれた文字は次の時間になれば消されてしまう。それまでの間に全てを覚えることはさすがに不可能。そこで子どもたちはノートを開いて鉛筆を持ち，板書されたことを必死に書いていく。

　しかし，中にはこの「書くこと」に困難を感じている子も少なくない。書くのが遅い。きれいに書けない。書いているうちにどこを書いていたのか分からなくなってしまう。書かれた自分の汚い字を見て嫌になってしまう。そもそも書く気になれない等々。

　そこで，「自分はなぜ今，この子にその活動をさせたいのか」を考えてみる。板書をノートに書くのが，本当に単純に記録のためだけなら，タブレットで板書を 1 枚撮影させればそれでよいだろう。でも，例えば「ただ書き写すだけじゃない。板書された言葉を書き写しながら，自分で今日の授業の流れを整理してほしいのだ」といった場合もあるだろう。そういったときには，板書の要所を撮影させて，それを学習支援アプリやプレゼンテーションアプリを使って，写真の配置を考えさせるなどしてまとめさせれば目的は達成できる。

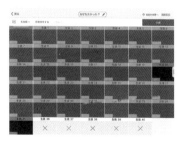

　同様に子どもの学びの履歴もICTを活用すれば様々な形で残していくことができる。「ノートに書かせているから大丈夫」という方もいらっしゃるかもしれないが、そのノートは今、どこにあるだろう？　机の中だろうか。もし、あなたが次の時間の授業を設計するために、児童がノートに書いたことを確認したかったら、全員の机の中からノートを引っ張り出して見返すのだろうか。家に持って帰っていたら…どうしようもない。

　1人1台のタブレットが配備されていて、例えばロイロノートのような学習支援アプリを活用しているクラスであれば、授業の終わりに「今日のノートを撮影して送ってくれる？」という一言で全てが済む。学級の全児童がノートを撮影して教師に送るのに1分もかからない。教師は日付ごと、児童ごとに溜められたノートの画像を見て学習の進展具合を確認できる。

　子どもがタイピングに長けているならば、ワークシートをフォームにして入力させるのもよいだろう。フォームから入力されたデータはスプレッドシートの形で残るから、その後の活用も容易だ。

　子どもの学びの履歴は書いたものばかりではない。話したこと、話し合ったことも大切な学習履歴である。これにはビデオの撮影を使うわけだが、撮影されたものを見返すのは大変な時間がかかる。おすすめしたいのは、進歩の著しい音声入力機能を使ってテキスト化することである。もちろん、まだまだ発展途上の技術であり正確さには欠けるが、多少不正確でもテキストデータがあるとないとでは後々の活用具合が全く違う。子どもにも「タブレットでも分かるように正確に話してね」と言うことで話し方に気を付けさせる効果もある。

（鈴木秀樹）

⑨ 教師が楽になる─デジタル教科書

　これは国語に限らないのだが，ICT は確実に教師の仕事を楽にする。ただし，それには「ICT をどの場面で，どう使うか」というデザインの視点が欠かせない。

　「子どもが何を考えているかを知りたい」というのは教師が常に考えていることだろう。これを知るために「手をあげさせる」「発言させる」「ノートに書かせる」「ワークシートに書かせる」等の手立てを考えるわけだが，「手をあげさせる」「発言させる」は手軽ではあるが，後に残すことができない。「ノートに書かせる」「ワークシートに書かせる」は，後に残すことができるが分析が面倒である。

　そこで，フォームを使うわけだが，これも設計を間違えるとかえって面倒である。何でもかんでもテキストで書かせると，結局，後で読み返すのが大変になり，「ICT を使ったら仕事が増えた」といったことになりかねない。これは選択肢で選ばせられるのではないか。これは星の数で表現させるので十分ではないか。国語の授業の中でもそういった場面はあるはずである。そうしたことを適切に判断してフォームを設計すれば，教師の仕事はぐっと楽になる。全体的な傾向は ICT の方があっという間に円グラフにしてくれる。

　ロイロノート等の学習支援アプリを使えるのであれば，低学年生からも簡単に子どもの考えを集めることができる。例えばロイロノートでは，「スライドの色を選んで教師に送る」という機能がある。タイピングを必要とするわけではないから，これは 1・2年生でもちょっと教えればすぐできるようになる。これさえできれば，あとは高学年生に選択肢を示すのとあまり変わらない。「このお話の中で好きな登場人物は誰？　赤鬼さんが好きな人は赤，青鬼さんが好きな人は青，村人が好きな人は黄色，その他は黒を送って」と聞けば，教師の手元に子どもの考えていることが瞬時に集まってくる。

　1人1台のタブレット環境が整っていれば，課題の提出にもぜひ ICT を活用してほしい。誰が提出していて誰が提出していないのかを把握するのが

容易になるのはもちろん，オンライン上で採点することも可能である。出張に出るとき，クラスの子どもに MetaMoji ClassRoom で取り組む課題を出したことがある。子どもたちが書き込んだそばから「ここ，字が違うよ」などと私が移動中の新幹線の中からコメントを送るのはかなり盛り上がったそうだ。「出張から戻ってきたらプリントを一気に採点する」といった手間が省けるだけではなく，「インターネットでつながっていればどこにいても教わることができる」といったことを，体験をもって知ることができたのはよかったようである。

　デジタル教科書も使い方をよく考えれば教師の仕事を楽にしてくれる機能がいろいろと入っている。図や表が重要な役割を果たすテキストを読んでいたとする。当然，その図や表を大きく表示したくなるが，学校に自由に使える大判のプリンターがあるとは限らない。あっても，その準備にかける時間も馬鹿にならない。しかし，デジタル教科書と何らかの大型提示装置があれば一瞬でことは済む。

　あるいは漢字の書き順の指導。これもデジタル教科書を使って書き順をアニメーションで表示させれば教師も楽だし子どもも分かりやすい。また，ワークシートが予め組み込まれているデジタル教科書もある。一人一人の子どもがタブレットで作業するように作られたワークシートもあるし，教師が全体に提示して進めていくワークシートもある。教師用のデジタル教科書は導入されている学校も多いと思う。なかなか時間がないかもしれないが，一度，どんな機能が入っているかをじっくりと探ってみると，自分の授業を楽にしてくれる機能が見つかるのではないだろうか。

　教師を楽にするのは ICT の得意技である。小さなことでも「確かに楽になる」と思うのであればぜひ実践すべきである。そうすることで1時間かかったことが50分，40分で終わるようになる。それを積み重ねれば大きな時間短縮になる。そこで楽をした分，取り組むべき仕事が教師には山のようにあるのだから，楽になることを悪いことだと思わず，積極的に楽をすべきであろう。

（鈴木秀樹）

Chapter **3**
実践編

授業で使える場面別 ICT 面白活用術50

子どもが使う場面　表現する

①「Word」を活用して，子どもの創造的な表現力を育成する

[ツール] 電子黒板（「SKYMENU」授業支援ソフト），タブレットPC（「Word」文書作成ソフト）
[教材名] よさを伝える広告（三省堂6年）
[領　域] 書くこと　[時　間] 第3～5時（全6時間）

概要

　この単元では，目的や意図に合った事柄を整理し，表現方法を工夫して書いたものを発表し合うことを目標とする。身近な商品の広告をタブレットPCの「Word」を活用して作成する。単元の最後には「広告コンテスト」を行う。

教科書を中心とする展開（第1・2時）

　はじめに，教科書で同じ題材で作成された2つの広告を比べ，印象の違いや表現のよさについて考える。次に身近なポスターやパンフレットなどを例に，広告づくりに大切なことを話し合う。最後にインターネットを利用して，社会で生み出された実際の広告に触れ，自分の広告づくりに向けて参考にする。

広告づくりを中心とする展開（第3～5時）

第3時：共通テーマ「りんご」で広告づくりの練習

〈2枚の比較〉

T　2枚の画像を比較して，どんな違いがあるかな。
C　2枚の違いは画像の周りやキャッチコピーの枠かな。
T　画像の背景削除とテキストボックスの編集をしたんだ。
C　○○の方が自然に見えるから広告に向いていると思う。
T　今から「りんご」を題材に，全員で練習をしてみよう。
C　画像の背景削除をしたからりんごが浮いているみたい。

第4時：広告にあった画像の収集とキャッチコピーの作成

T　まずは，題材が決まったら，必要な画像をフリー素材から探そう。

C　背景と商品の画像が必要だから，いくつかの候補の画像を探したよ。
T　次に，よさが伝わるキャッチコピーを考えよう。
C　言葉は短くて，印象に残るものにしたいな。
C　作品には，この画像とこのキャッチコピーに決めたよ。

〈広告①〉

第5時：全体のバランス調整と広告の完成
T　練習を思い出して，広告のバランスを整えていこう。
C　画像と文字のバランスが，思っていたよりも難しいな。
C　画像の配置や文字の大きさ・形・色を変えてみたよ。
C　これで完成だぁ！　人に伝わる広告がやっとできた！

指導のポイント・留意点

- インターネットを通して，「○○広告大賞」などを参考にして，プロの技法を紹介する。
  広告の素材は画像とキャッチコピーの2つである。この2つの組み合わせと表現方法の工夫によって，商品のよさが伝わることを理解させる。
- 多様な学習活動を計画して「Word」の基本的な操作方法を身に付けさせる。
  ①「ページ・レイアウトの設定」，②「文字の入力・編集」，③「表・グラフ・図形・画像などの挿入・編集」，④「自分らしい表現方法の工夫」など，年間を通して身に付けさせる。
- 電子黒板(SKYMENU：授業支援ソフト)で，視覚的に子どもを支援する。「Word」を用いた学習では，画面が切り変わっていくことに，子どもは難しさを感じることがある。そのため，校内のICT機器を活用して，教員の情報を子どもの画面に配信したり，子どもの作品を電子黒板に投影したり，視覚的に子どもを支援するように工夫する。

他教材での活用術

「見学レポート」（三省堂5年），「『なべ』の国，日本」「短歌を作る」（三省堂6年）で，「Word」を活用することができる。　　　　　（齊藤佑季）

子どもが使う場面　表現する

② 情報と情報との関係を捉える

[ツール] 文書作成アプリ，アプリが動作可能なデバイス（スマートフォン，PC）
[教材名] 意見文を書く（東京書籍『新編　国語総合』）
[領　域] 書くこと　[時　間] 第2時（全3時間）

概要

　この単元では，主張や論拠など情報と情報との関係を捉えながら，論理的に主張する文章を書くことを指導する。文書作成アプリを活用することにより，根拠となるデータ（グラフ，表，図像等）の文書への引用，提示が簡易な操作により可能となる。さらに，「主張」「データから読み取れる事実」「事実と主張とを結び付ける理由付け」の3者を視覚的に整理し，グループでの話し合いによる評価を通じて，情報と情報との重複やズレを修正する活動を導入する。段落単位での入れ替えがコピー＆ペーストの操作により容易にできるという文書校正機能を最大限に生かして，書くことを楽しみながら主体的に活動することを目指す。

準備

　書籍，Web 等で「主張のある文章」を探し，「主張」「根拠・事実」「理由付け」を抜き出し，文書作成アプリを活用し，ワークシートテンプレートに即して整理する。整理したものをグループ活動で共有し，論理性を評価する。この過程を通じて，「主張」「根拠・事実」「理由付け」それぞれについての理解を促し，峻別できるようにしておくことが重要である。このとき，同じ

論理性を評価しよう

【テンプレート記入例】

選んだ記事のタイトル	納豆はうまい	
主張	納豆は大変美味しい食べ物である。	
根拠・事実 ＊使用している表，グラフ，図像等を添付	・納豆には粘りがある。 ・納豆には独特の風味がある。	
理由付け ＊具体的な体験や見聞	・納豆の粘りがご飯の食感を引き立たせる。 ・納豆独特の風味は同じ大豆から作られる味噌を入れた汁物の香りとよく合う。	

【評価欄】☆3つ

	個人	グループ
根拠	確からしさ☆☆☆	
理由付け	根拠との結びつき☆☆	
主張	明確さ☆☆☆	

〈資料：論理性評価ワークシート（例）〉

「根拠・事実」であっても「理由付け」によって「主張」が変化することや，極めて主観的である具体的・個別的な「理由付け」が「根拠・事実」と結び付くことにより「主張」を支える論理を生み出していることに気が付くことがポイントとなる。

【手順】

① 1 時間目に書籍，Web 等で探してきた「主張のある文章」について，ワークシートのテンプレートに沿って，個人で論理性の評価をまとめる。（20分）＊紙ベース資料の図像メディアについてスキャニングして画像処理ができるようにする。

Ｔ　ワークシートの項目に沿って，自分が選んだ「主張のある文章」の論理性を評価してみましょう。根拠として用いられている表，グラフ，画像データを必ず示すようにしましょう。

②選んだ「主張のある文章」と，論理性評価ワークシートを編集したデバイスをセットにして回して，再評価する。（10分）

Ｔ　他の人の「根拠」や「主張」に対する評価を確認して，別の視点や受け止め方がないか考えながら再評価してみましょう。

【指導のポイント・留意点】

• 非連続型テキストとの関連を意識させる。
　読解に際しては連続型テキストである主張を述べている文章と，根拠として示されている非連続型テキストとの関連を意識させる。

【他教材での活用術】

　「文章や図表を引用してレポートを書こう（報告）」（教育出版『国語総合』），「統計資料を参考に書く」（桐原書店『新探求 国語総合 [現代文編]』）など。

（山川　研）

子どもが使う場面　表現する

③ 統計ソフトで非連続型テキストを作成する

[ツール] パソコン，表計算ソフト
[教材名] 伝えよう，委員会活動（東京書籍5年）
[領　域] 読むこと　[時　間] 第5時（全8時間）

概要

　本単元は，1年間の委員会活動で行ったことを想起して，活動報告を書く単元である。それぞれの委員会の仕事が読み手に分かりやすく伝わるように内容や構成を考えて書いていく。委員会活動の内容をグラフに表現することで読み手により分かりやすく伝えることができることに気付き，自分の考えを伝える方法の一つとしてグラフを活用させる。

準備

　報告書に何を書くのかの取材活動を十分にしておく必要がある。例えば，募金活動やエコ活動ではどれだけの量を集めたのか，液体石鹸を年間や月間でどれくらい使っているのか，ボールをいくつ新しくした（廃棄した）のかなど，活動の中で数値として表せるものを調べておく。その上で取材内容を文章化しておくことでグラフにするよさにつなげていく。

手順

①取材した内容をパソコンで入力し，整理する。（20分）

T　取材して分かった募金の記録などをグラフにしてみましょう。

C　どうやってやるのかな。

C　取材で分かった数を入力するとできるんだね。

②グラフ作成の仕方を知る。（10分）

T　調べてきたデータを表計算ソフトに入力します。

　　（画面共有や大画面を使って入力手順を一つ一つ指導する）

C　パソコンでやると簡単にグラフが出来上がるね。

C　色を変えると見やすくなるよ。

C　他の種類のグラフでも表せるけど，どの形が見やすいかな。

③文章とグラフを見比べてよさに気付く。（10分）

T　前回文章に書き上げた内容をグラフにしました。比べてみましょう。

C　グラフだと，数の変化や多い少ないが一目で分かるね。

C　だんだん増えていったことも分かるから，活動を継続して行ったよさも伝わるね。

C　文章と合わせて読むとより詳しく伝わるね。

④グラフを活用して報告書を完成させる見通しをもつ。（5分）

T　グラフにすると一目で分かりやすくなりますね。そのよさを生かして報告書を完成させましょう。

C　読む人に活動内容が伝わるといいな。

C　パソコンで報告書を完成させてもいいかもね。

指導のポイント・留意点

- 取材活動を十分に行い，文章で詳しく伝える工夫をさせておく。

　本時までに十分に取材をしておく必要がある。グラフにする数値がなければグラフの作成はできない。また，文章で伝えようとしていなければ，グラフを使うとより分かりやすく伝わることにも気付きにくい。グラフにするよさを実感させた上で，グラフを用いながら伝えるよさに気付かせたい。

他教材での活用術

　「天気を予想する」（光村図書5年），「ようこそわたしたちのまちへ」（光村図書6年），「資料を生かして呼びかけよう」（東京書籍6年）などにも表やグラフを使って表現する学習がある。一度やり方が分かれば子どもから使いたいと言うはずなので，最初にしっかりと指導することが重要である。

（田中　瞳）

子どもが使う場面　表現する

④ パワーポイントで伝え合う気持ちを育てる

［ツール］パソコン・プロジェクター（テレビ）
［教材名］だれもが関わり合えるように（光村図書４年下）
［領　域］話すこと・聞くこと　［時　間］第14時（全15時間）

概要

　この単元では，資料として「手と心で読む」という視覚障害者の説明文があり，障害があっても思いを伝え合うことの大切さが述べられている。「伝え合うこと」は聴覚障害をもつ子どもたちにとっても必要なことであるので，その楽しさ・すばらしさを実感できるようにする。

準備

　まずは自分の障害についての思いを書かせる。子どもであっても自分の人生観を表現したものであるので，あえて修正はしない。文の内容でポイントとなることを絵で表現させる。その両者を合わせたものをパワーポイントスライドにする。発表するまで互いの作文・絵は見ないようにする。

手順

①伝えるにあたって大事なポイントを確認する。（10分）

T　自分のことについて，みんなが書いた作文・絵をパワーポイントを使って発表してもらいたいと思います。その前に大事なことは何かな？

C　声をしっかり出して，手話もつけて読むこと？

T　それも大事だけど，どのような伝え方をしたらいいのかを考えましょう。

C　どんな伝え方をしたらいいんですか？

T　パワーポイントを見ながら話してもいいんです。だけど，みんなの顔を見ながら伝わっているかどうか，確かめながら話すこと。途中で質問を受けてもいいよ。受けたら自分の言葉で答えるようにしよう。

C　そんなの，きれいな発表じゃないけど…。途中で止まってもいいの？
T　いいよ。「伝え合う」といっても簡単なことじゃないからね。すれ違いはあってあたりまえです。それと，絵は後から出すようにしてください。
②子どもたちに発表させ，質疑応答を言語化する。(30分)
T　いろいろ伝え合ったね。伝えることの難しさが分かった？
C　とってもしんどいことだと分かったよ。

指導のポイント・留意点

- パワーポイントのスキルそのものを習得することが目的ではないので，貼り付ける作業のみにする。また，不要なアニメーションはかけないようにする。目的はしっかり意識したい。
- 子どもたちの発表はビデオ撮影し，振り返り学習に利用する。

他教材での活用術

「豊かな言葉の使い手になるためには」(光村図書5年)，「平和について考える」(光村図書6年) などの自分の考えを明確にすることを目的とした学習でも使うことができる。

(稲葉通太)

子どもが使う場面　表現する

⑤ パワーポイントで聞く人の心に届くように発表する

[ツール] パソコン・プロジェクター（テレビ）
[教材名] 今，私は，ぼくは（光村図書6年）
[領　域] 話すこと・聞くこと　[時　間] 第6時（全6時間）

概要

　この単元は，小学校卒業を前にして今の思い，将来の夢などを語るスピーチ単元である。聴覚障害をもつ子どもたちが今後いろいろな人に出会って豊かな関係を築いていくにあたって，しっかりと相手の心に届く発信をしていく必要がある。その気持ちを意識することにもつながるようにする。

準備

　まず，パワーポイントで発表する意義，作る際に留意することを説明する。スライド数は指定する（5スライド程度）。次にＫＪ法で，今の自分の思い，悩み，将来の夢などを書き出す。表現しにくい子どもに対しては，教師が必要に応じて声かけサポートする。その後，ＫＪ法のカードを取捨選択しパワーポイントにまとめていく。

手順

①ＫＪ法で書き出したカードを全て貼ったものを，それぞれで見せ合う。
　（10分）

Ｔ　みんな，自分たちが思っていることを書き出しているね。作文と比べるとどうかな？

Ｃ　作文はしんどいけど，これは思ったことをどんどん書けばいいのでやりやすいよ。

Ｔ　でも，多すぎてもよくないね。絶対伝えたいことを選んでパワーポイントにまとめたね。

②子どもたちに発表させる。（30分）
T　パワーポイントは発表をサポートするためのものです。映し出したら大丈夫というわけではないよ。できるだけ自分の言葉で語りましょう。
C　難しいなあ。スライドの丸読みはしないということだね。
T　そうです。手話やジェスチャーも交えて発表したら友達にも伝わるものになると思うよ。

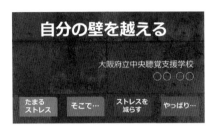
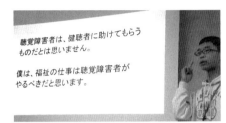

指導のポイント・留意点

- 考えや思いを書き出しまとめることを意識させる。
作文では「文を書くということ」そのものを意識してしまいがちである。なんでもよいからそのまま出していく方法もあるということを教える。
- 自分の思いを伝える方法はいろいろあり，それを活用していく気持ちを育てる。パワーポイントもその一つであり，パワーポイントを使うと，どのように伝わり方が違ってくるのかをしっかり説明する。同時に，それがメインではなく，あくまで自分を引き立てるツールであるということ，そしてそれを真に活用するには自分の言葉で語ることが大事であるということを実感させたい。

他教材での活用術

　「豊かな言葉の使い手になるためには」（光村図書５年），「ゆるやかにつながるインターネット」（光村図書５年），「平和について考える」（光村図書６年）などの自分の考えを明確にする学習でも使うことができる。

（稲葉通太）

子どもが使う場面　表現する

⑥ 動画とプレゼンテーションソフトで，説得力のある表現を学ぶ

［ツール］パソコン，プロジェクター（テレビ）
［教材名］プレゼンテーションの工夫（大修館書店『国語表現改訂版』）
［領　域］話すこと・聞くこと　［時　間］第2時（全4時間）

概要

　この単元では，説得力のある表現の仕方について指導する。テレビショッ
ピングを例にし，プレゼンテーションソフトで可能な表現方法について検討
する。その上で，どのような構成の中でその表現方法を扱ったらいいのかに
ついて考える。

準備

　前時までに，生徒の発表テーマを決めさせておく。テレビショッピングの
動画を用意する。また，テレビショッピングを見ながら，説得力があると感
じたときに上げる「なるほど札」を用意しておく。

手順

①テレビショッピングの表現方法を分析する。（20分）

T　前回からプレゼンテーションについての学習に入りました。今回は説明
　の上手な方の動画を用意しました。まず，見てみましょう。

〜全体でテレビショッピングを流す〜

T　どうですか？　この商品買ってみたくなりましたか？

S　ちょっと欲しくなった。

T　なぜ，欲しくなったのでしょうか？

S　話がうまいから。

T　そうですね。商品を買ってもらうためには，説明がうまくないといけま
　せん。でも，なぜこの人は説明が上手なんでしょうか？

44

S　うーん…分からないなあ。もう一度見せてください。

T　ではもう一度見ましょう。次は各班の1台のパソコンで動画を再生してください。今から配る「なるほど」と書いてある札を使って，自分の納得感を共有しながら見ましょう。また，札が上がったら一旦停止して，そのときにどんな表現方法でどんな内容を説明しているかにも注目しましょう。

（中略　班でまとめたものを発表させ，全体でまとめる）

②分析した表現方法を使って，自分の発表スライドを作る。（30分）

S　今回知ったことを使って，今度は自分の発表スライドを作りたいです。

T　では，スライドそれぞれに提示する情報・表現方法をまとめて，発表のあらすじを作ってみましょう。まとめた表現方法をパワーポイントで再現するには，どのような機能を使えばいいかを考えながら作ってみてください。

指導のポイント・留意点

- 具体的な内容と表現方法を分析させ，その効果を考える。
  動画で具体的なモデルを見せ，何度も停止・再生を使いながら分析することで，表現方法と全体の流れについて自分の言葉で言語化させる。
- プロットを作らせ，学んだ表現方法を使った発表の全体像を想像させる。
  自分たちで分析した表現方法と自分の内容を合わせたプロットを作ることで，発表スライドの全体像を明らかにさせる。また，取材時にどのような情報が必要なのかを明らかにさせる。
- 自分の印象や感覚を生み出す原因を分析する視点を育てる。
  自分の漠然とした納得感がどのような表現技法に支えられているのかを分析することで，印象や感覚のもととなるものの存在に気付かせる。自分がなぜそう思ったのかを授業の中で分析するようになるきっかけとしたい。

他教材での活用術

　スピーチや議論などの話す聞く教材での留意点や工夫を確認する際に，動画による分析と全体像のまとめを扱うことができる。　　　　　　（笛田圭祐）

子どもが使う場面　表現する

⑦ タブレットPCを使って　落語の発表会をする

[ツール] タブレットPC
[教材名] ぞろぞろ（落語）（教育出版4年上）
[領　域] 読むこと　[時　間] 第3・4時（全6時間）

(概 要)

　この単元では物語の世界を想像して音読したり，演じたりすることをねらいとしている。子どもたちは自由に発表したい落語を選び，演じている様子をタブレットPCに撮影する。動画を見直すことで，自分の音読や体の動きについてより俯瞰した視点から振り返ることができる。発表は動画を流す形式で行う場合，映像にテロップを付け，難解な語句や落語の時代背景についての注釈を入れることができるため，聞き手の理解を支援することもできる。

(準 備)

　タブレットPCをグループに1台ずつ用意する。iPadを使用する場合には，iMovieをダウンロードしておく等，予め動画を編集するために必要なアプリケーションを，各タブレットPCに用意しておく。また，動画を編集する場合，最低限の編集はできるように子どもたちと使い方を確認しておく。

(手 順)

①動画振り返り場面（10分）

C1　蕎麦を食べるところを，もっとリアルにしたいなあ。

C2　もっと大袈裟に音を出した方がいいんじゃないの？

C3　結構大きな音ですすってるよ。音より動きに問題があると思うけど。

C1　手だけしか動かしてないから分からないのかな。体全体を使って…。
　　あと顔も美味しそうな表情をしてみようよ。

②動画編集場面（30分）

46

C1　この噺って，オチがちょっと分かりづらいよね。

C2　目黒とか，日本橋とか，魚河岸とか，私たちも調べるまでよく分かってなかったからね。

C1　難しい言葉だけ，最初に説明してから発表する？

T　それだと最初からオチを語っているようだから，テレビみたいに文字で解説を入れよう。出てくるタイミングに気を付けてね。

指導のポイント・留意点

・動画撮影で主体的に学び合う。

落語は，声の大きさや読む早さといった音読の技術だけではなく，体の動きや小道具を使った演技にも面白さがある。動画では，そういった「動き」も確認できるという特徴がある。また，自分たち自身で修正していくための情報が手元にあるので，教師のアドバイスに頼らず主体的な気付きや学び合いを促すことが期待できる。

・動画作りへのこだわりが，落語への興味・関心を深めるきっかけになる。

噺の中には，知識があるとより楽しむことができる作品がある（「目黒のさんま」であれば，目黒は新鮮な魚が捕れる海とは無縁の場所であるなど）。発表している合間に，それらの説明を入れてしまうと流れが途切れてしまうが，動画であればテロップなどでタイミングよく情報を入れることができる。また，そういった説明を動画に載せたいという思いは，進んで時代背景や設定などについて調べる動機にもなりうる。

他教材での活用術

落語に限らず，「音読発表会をしよう」（東京書籍３年下），「読んで感じたことが伝わるように，音読しよう」（光村図書４年下）のような音読を発表する単元では，自分の音読する様子を録画して確認するだけで自分では気付けない抑揚や視線，読む姿勢などにも意識を向けるきっかけを与えることができる。

（堀口史哲）

子どもが使う場面　表現する

⑧ Web コンテンツ風動画制作を通して映像や図像による表現について学ぶ

［ツール］スマートフォン・PC，動画編集アプリ等
［教材名］メディア・リテラシー（教育出版『国語表現　改訂版』）
［領　域］読むこと　［時　間］第1時（全5時間）

概 要

　この単元では，Web コンテンツとしてインターネット上にアップロードされている多様な動画表現について，表現する側（制作者），表現の受け手（視聴者）双方の立場から分析を行い，映像や図像による表現について学習する。日常何気なく視聴している動画表現について製作者側の意図を「映されていないものは何か」を考察することにより捉える過程が重要である。

準 備

　グループ活動の中で，普段視聴している動画サイトのコンテンツを自由に見せ合う活動から始める。この過程は普段 Web コンテンツに親しみのない生徒がグループ活動を通して学習活動への興味を高めるためにも必要である。生徒自身の「こういう動画を作りたい」「この動画はどうやって作っているのだろう」という欲求や好奇心を大切にし，主体的に動画分析，動画制作に取り組むように促す。

手 順

①普段よく視聴する動画サイトのコ
　ンテンツを視聴し，ワークシート
　（資料）に沿って面白さを分析する。
　（15分）
T　自分が「面白い」「楽しい」と感
　じて視聴している Web コンテンツ

Web コンテンツ風動画制作			
①動画の面白さを紹介しよう			
掲載されているサイトと再生回数			回再生
選んだコンテンツのタイトル・テーマ			
出演者（人数など）			
工夫している点	自分が気づいた点	コメント	
テロップ			
話し方			

〈資料：動画分析ワークシート（例）〉

について，面白さを分析してみましょう。特にテロップの使い方，カメラワークにどんな工夫がなされているのか，どんな効果が生まれていると考えられるのか，という点に着目して分析しましょう。

②分析の結果をグループで共有する。（20分）

T　ではデバイスとワークシートをセットにして回して，グループで共有，交流してください。コンテンツを再生する前に，他の人の分析結果に目を通して，他にどんな工夫があるのか，または別の見方はないのか，ということに気を付けながら視聴するようにしましょう。

指導のポイント・留意点

- 普段視聴している動画を制作者，視聴者双方の視点で分析する。
  日常生活の中で視聴しているときは，制作者の意図や，表現の受容については考えていない。特に，「その場にはあるはずだが，映されていないもの」を想像しながら視聴することにより，「制作者が何を映し，何を映していないのか」に気が付き，批判的受容が可能となる。
- 動画制作の過程に生かす。
  動画分析によって気が付いたテロップの使い方，カメラワークの効果を自分が制作する際に活用し，探究することができる。さらに，分析結果をグループで共有，交流させることによって，「同じ手法のいろいろな受け止め方」があることにも気が付く。Web動画コンテンツ独特の表現（テロップの使い方，コンテンツのジャンル別の表現手法等）に着目し，言葉と図像メディア表現とのつながり，情報と情報との関係についても考えさせたい。

他教材での活用術

　「メディアを駆使する」（大修館『国語表現』），「表現の楽しみ」（第一学習社『国語表現　改訂版』）など，写真やテレビ番組との関連について考えさせることも有効である。
(山川　研)

子どもが使う場面　表現する

⑨ ポスターセッションでプログラミング体験を通して深く学ぶ

[ツール] MESH, iPad, ノートPC（PowerPoint）
[教材名] 調べてわかったことを発表しよう（教育出版4年下）
[領　域] 話すこと・聞くこと　[時　間] 第2時（全8時間）

概要

　この単元では，資料を効果的に活用して発表する方法について指導する。前単元「『便利』ということ」に関連させ，身近な道具・設備の便利について，MESHを活用したプログラミングの体験を通して見直し，さらにデモンストレーションも交えた発表方法について考えさせることで，深い学びが実現できるようにする。

準備

　総合的な学習の時間で，MESHを活用したプログラミングを体験するような学習を行う。MESHとは，ソニーが開発したIoT（Internet of Things：モノのインターネット化）ブロックである。例えば，「人感」ブロックを使ってプログラミングをすることで「人が通ったら，音楽を流す」などの仕組みを作ることができる。こうした操作に慣れておくことで，前単元で身の回りの「便利」について考えたことを振り返り，より詳しく調べたい道具・設備について，プログラミングを通した深い学びの実現が期待できる。

手順

①調べたい道具・設備を発表し合う。（15分）

T　どのような発表内容があるでしょうか？

S　踏み切り，エスカレーター，音声ガイド…。（他20種の道具・設備を発表）

②発表方法の工夫を話し合う。（15分）

T　では，ポスター発表でどのような工夫ができるでしょうか？

S　踏み切りなら，実際にMESHでプログラムできるかもしれない。
T　ポスターに加えて実物を見せる発表を「デモンストレーション」と言います。では，踏み切り以外の発表内容でもできそうですか？
S　難しいものもあるかもしれないけど，できるかもしれない。
T　総合で学んだことも生かせそうですね。ポスターを作りながら，プログラミングによる発表方法の工夫も考えられると，よい発表になりそうですね。

指導のポイント・留意点

- プログラミングの体験を「目的」とせず，問題解決の「手段」とする。
  MESHによるプログラミングにより，身近な道具・設備の仕組みを容易に再現できる。この活動で，プログラミングが問題解決の「手段」となる。
- ポスター発表におけるデモンストレーションの有効性を理解する。
  ポスターセッションのメリットは，聴衆との距離が近いことで気軽なやり取りができることである。このメリットを最大限生かすために，ポスターのみを発表媒体とするのではなく，道具・設備をデモンストレーションすることで，さらに聴衆へ効果的な発表ができると期待できる。資料を効果的に活用して発表する方法について，児童が深く学べるようにする。

他教材での活用術

　「『クラブ活動リーフレット』を作ろう」（光村図書4年下）などで，書く素材としてプログラミングをツールとして活用できる。「文と文をつなぐ言葉」（光村図書4年下）などでも，プログラムの入出力の関係を，接続詞と関連して学べる。
　　　　　　　　　　　　　　　　　　　　　　　　　　（小池翔太）

【謝辞】本実践は，ソニー株式会社，NHKエデュケーショナルと，東北大学，常葉大学との共同研究である「IoTブロックを活用した小学校プログラミング教育の実践的研究」によるものである。ここに記して感謝申し上げます。

子どもが使う場面　表現する

⑩ 文章を分析するテキストマイニングとプログラミング

［ツール］作成した文章データ，テキストマイニングツール（PC）
　　　　　プログラミング環境 Python（PC）
［教材名］文章を分析しよう
［領　域］文や文章・情報の整理　［時　間］第2時（全4時間）

概要

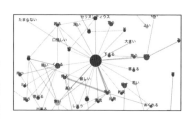

　活動の目的は，単語の利用頻度や係り受けの状況などを，文章分析（テキストマイニング）ツールでグラフやネットワーク図で表現することで，文章自体や作家ごとの作風などの特徴を客観的に捉えることである。発展内容として，分析しやすい結果を出力するために分析プログラムを変更(同義語・除外語の登録等)したり，小・中とプログラミングの体験をした高校生にはプログラミング言語 Python（パイソン）を使用してテキストマイニングの仕組みを理解したりする活動を行う。

準備

（出典　青空文庫）

　必要となるのは文章データと PC である。文章データは生徒の作品や，青空文庫の作品で Word 形式もしくは .txt 形式にする。分析には無料で使用できるテキストマイニングの Web アプリ[1]を使うため，インターネットに接続した PC を用意する。

手順　題材：「走れメロス」

①対象となる文章の特徴について交流する。（10分）
T　今日は「走れメロス」について単語や品詞に着目して特徴を考えよう。

S　名詞ではメロスの他にはセリヌンティウスがたくさん登場するかなぁ。
C　「走れメロス」だから，動詞の種類も多いと思う。
②分析を行う。(10分)
　Webアプリの入力フォームに文章を直接入力（コピー）するか，文章を保存したWordファイルもしくは.txtファイルなどをアップロードする。
③分析結果を検討する。(20分)

T　予想と比べましょう。
C　「おまえ」「わし」など会話表現が多いね。
C　多くの動詞が，作品の豊かな描写を作っている。

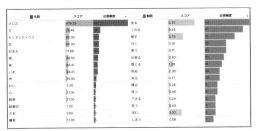

指導のポイント・留意点

- 予想をさせてから分析を行う。
- 予想を共有し生徒それぞれの読み方を認めた上で分析結果と対比させる。
- 生徒に積極的に使用させる（作者ごとの特徴にせまる）。
- 様々な作品や生徒自身の文章などを分析させることで，作者ごとの特徴などにせまる活動に結び付けていくようにする。

発展的な内容

　プログラム言語Pythonは簡単な記述で動作し，データ処理が得意な言語である。ライブラリ「janome」(2)等を導入し，右のような短いプログラム（白塗り部）を実行するだけでテキストマイニングの仕組みを扱うことができる。実行結果（黒塗り部）は入力文を形態素解析した出力となる。

（佐藤正範）

（1）ユーザーローカル テキストマイニングツール（https://textmining.userlocal.jp/）で分析。
（2）Pythonにpip等のインストール環境を導入し，ライブラリ「janome」「matplotlib」「wordcloud」をインストールして実行を行う。

子どもが使う場面　情報収集する

⑪ 楽しく活動する意欲を高める穴探し

[ツール] デジタルカメラ，プロジェクター（テレビ）
[教材名] あなのやくわり（東京書籍2年下）
[領　域] 読むこと（調べ学習）　[時　間] 第8・9時（全14時間）

【概要】

　この単元では，説明の仕方に気を付けて，「なぜ穴があいているのか」という理由を考えながら読むことを指導する。また，読み取ったことをもとにして，身近にある「あなのやくわり」について考え，文章に書く。グループでカメラを持って校内にある穴を探し回ることで，楽しく情報収集することの楽しさを実感させることができるようにする。

【準備】

　子どもたちの身の回りにある「あな」を写真に撮る。1種類につき，穴の拡大図と穴があいているもの全体が分かる画像の2枚を撮る。画像を保存したデジタルカメラをテレビやプロジェクターとケーブルでつなぐ。

【手順】

①スピーカーの穴を拡大した画像を見せ，活動内容を知る。（5分）

T　この写真を見てください。学校の中で見つけた「あな」です。何でしょうか？
C　壁？　　C　かごかな？
C　何の穴だろう。どこにあったんですか？
T　黒板の上を見てごらん。スピーカーがあるでしょう。その真ん中に穴がたくさんあいているのです。
C　本当だ！　いつも見ていたのに，穴に気付かなかった！

T　そうですね。みんなの身の回りには，もっとたくさん穴がありますよ。では，この穴は，何のためにあいているのでしょうか？

C　音を出すためです。

T　そうです。みなさんも，先生と同じように，今から身近にある「あな」を探しに行きましょう。（中略）

②グループに１台ずつカメラを用意し，写真を撮る。（20分）

T　グループで校内にある穴を探して写真を撮りましょう。穴の部分を大きく撮った写真と穴があいているものの全体が分かる写真の２枚を撮ります。

C　どこにどんな穴があるのかな？

C　楽しみ！　早く写真を撮りたいな！

指導のポイント・留意点

- 身の回りにあるものを撮る。

  子どもたちが日常生活で見ているものや，探しやすいものを撮る。普段は「穴が何のためにあいているのか」など考えて生活することはないだろう。しかし，校内にある穴を探し回ることで，いろいろな視点でものを見ることの楽しさを味わうことができる。

- 拡大図と全体図の２枚を撮る。

  低学年では，情報収集のためにカメラを使うことは少ないかもしれない。また，使わせても効果的な写真を撮ることができず，結局資料として活用できないこともある。しかし，教師が撮った写真の見本を見せることで，なぜこのように写真を撮ったのかに気付かせることができる。

- 自ら写真に撮ることで，みんなに知ってほしいという目的意識をもたせる。

  低学年の調べ学習での情報収集では，図鑑などの本から写真や絵を見ることが多い。しかし，自分が気になるものを自ら写真に撮ることで，「これは自分だけが知っている情報」と感じ，「みんなに見せたい！　知らせたい！」という目的意識が生まれ，学習意欲を高めることができる。低学年には難しいが，ぜひ自分で写真を撮らせたい。　　　　　　　　（河原麻利子）

子どもが使う場面　情報収集する

⑫ 写真撮影で子どもの学ぶ意欲を促進する

［ツール］カメラ
［教材名］「加計塚新聞」を作ろう（オリジナル単元　4年下）
［領　域］書くこと　［時　間］第4時（全7時間）

概 要

　この単元では，新1年生に学校を紹介するという旨で新聞を書くことを指導する。取材時にカメラを用いて校内の施設や様子を写真撮影することで，学校のことを知らない1年生という相手を意識した活動ができるようにする。

準 備

　実際にカメラを用いて写真撮影をするのは第3時〜第4時にかけてである。写真撮影をする前に相手意識と目的意識を明確にしておく必要がある。そうすることで子どもたちは新1年生のことを考えた写真を撮影してくる。撮影した画像は教師のタブレットで印刷し，新聞を作る際に実際に用いる。自分の撮影した写真が実際に使えることで子どもの意欲も高まる。

手 順

①相手意識・目的意識を確認する。（第1時）

T　来年は加計塚小学校100周年です。みんなは100周年のときの高学年ですね。そこで4月に入学する1年生に高学年として何かをしてあげることはありますか？

C　学校を知ってもらう！

T　いいですね。どんな形で学校を知ってもらいますか？

C　新聞がいいです。

T　では，新1年生に学校を知ってもらうための新聞を作りましょう。何のために新聞を作りますか？

56

C　学校を楽しく過ごしてもらうため。
②子どもと言語活動の計画を立てる。(第1時) 上記の続き
T　いいですね。では，取材はどのようにしていきましょうか？
C　タブレットで撮影した写真を使ったり，インタビューを動画で撮ったりしたいです。それを新聞に使いたいです！
T　では，そのような取材をしていきましょう。
※必要な写真は第2・3時で計画。

[指導のポイント・留意点]

- 新1年生の立場になって写真撮影をする。
  写真を撮る対象は何でもいいわけではない。新1年生に分かりやすい写真にしなければいけない。具体的には学校のことを知らない人にも分かる写真にしたり，1年生の目線に立った写真にしたりすることが考えられる。拡大図がいいか全体図がいいかなども考えさせたい。
- 自分の学校の写真を撮影することで，より学校に愛着をもつ。
  子どもたちは一日の多くを学校で過ごしている。何気なく使っている教室でも，新1年生に伝える対象として見てみると，見え方も変わってくる。普段気付かない教室の特徴などに気付くことが子どもの意欲を引き出し。より主体的に活動できるようになる。
- 撮影した写真を新聞に使用する。
  自分が撮った写真を実際に新聞に使うことで，子どもたちはより意味のある写真を撮影してくる。また，絵ではなく写真を新聞に用いることで子どもたちにより達成感を感じさせたい。

[他教材での活用術]

「気になる記号」(光村図書3年上)，「次への一歩　活動報告書」(光村図書5年)などの他者に調べたことを写真とともに伝えた方がよい学習の際に活用できる。

(村上貴一)

子どもが使う場面　情報収集する

⑬ 音声録音機器を使って　振り返り活動を充実させる

[ツール] タブレット PC または IC レコーダー
[教材名] 係の活動について考えよう（教育出版３年下）
[領　域] 話すこと・聞くこと　[時　間] 第７・８時（全９時間）

概要

　この単元では，司会などの役割を決めて，グループで進んで話し合いを行い，それを振り返ることをねらいとしている。話し合い活動時に内容を録音しておくことで，記録という役割を作らず全員が話し合いに参加することができる。また，録音データを再生して確認すれば，友達の意見を踏まえて発言することができていたか等，より具体的な振り返りを行うことも可能になる。（記録は，各子どもが録音を聞きながらノートに残していく）

準備

　タブレット PC または IC レコーダーをグループに１台ずつ用意する。タブレット PC の場合は，集音機能や再生時のボリュームを予め確認しておき，再生時にうまく聞き取れるよう調整をしておく。IC レコーダーの場合は，その場ですぐに聞くことができるように，再生機能のあるものを使用する。実際に授業で使用する前に，予め子どもたちと使用方法を確認しつつ試しに練習できるとよい。

手順

①話し合う際のポイントを確認する。（５分）
②係ごとにアンケート結果について話し合う。
　（15分）
　・司会を決める（時間の管理や，録音機器の ON・OFF も司会が行う）。
　・予め回収してある係についてのアンケートをもとに，話し合う。

③ノートに話し合いの記録を取る。（15分）

　　・各グループで録音した内容を再生し，自分の発言と友達の発言について，それぞれまとめる。

④話し合った内容や発表の仕方を振り返る。（10分）

　　・グループ内で，「友達の意見を踏まえて発言できていたのはどれか」など指導する目的に応じて発表を行う。

指導のポイント・留意点

• クラス全員を話し合いの参加者にする。

　話し合ったことをまとめる力は，養いたい大切な能力である。しかし，記録役に徹してしまうと会話に参加することができず，子ども全員の対話の機会を保障することが難しい。ICT機器は，全員が話し合い，全員が記録することを可能にする。

• 話の流れや，その中での自分の発言を見つめ直す。

　中学年の子どもは，まだ自分に対する認知力は高くない。そのため，自由に話し合う際には気付けないこと（自身の発言が少なかった，上手に伝えられなかったなど）もある。自分の音声を録音したものを聞くことは，客観視できるようになる足がかりを作ることができる。

• 楽しいだけで終わらない工夫をする。

　自分の肉声を聞いたり，友達との会話を聞いたりするのは，中学年の子どもたちにそれだけで楽しい活動である。振り返るための視点や，恥ずかしがらないで聞くというルールを決めるなど，予めルールを決めておきたい。

他教材での活用術

　「よりよい話し合いをしよう」（光村図書4年上），「グループで話し合おう」（東京書籍3年下）などの話し合い活動を振り返ることに重点が置かれる単元では，録音した内容を聞く活動は認知を促す効果的なツールとしての活用が見込まれる。

（堀口史哲）

子どもが使う場面　情報収集する

⑭ 動画撮影で子どもが情報を集める

[ツール] カメラ
[教材名] 大造じいさんとがん（東京書籍5年）
[領　域] 読むこと　[時　間] 第6時（全8時間）

(概要)

　この単元では，自分の思いや考えが伝わるように朗読することを指導する。朗読の様子を撮影し，自分で振り返ったり友達と助言し合ったりすることで，朗読を改善する。動画を保存して振り返って見ることで，朗読が上達していることを実感させることができる。

(準備)

　子どもが朗読を自分で振り返ったり，友達と助言し合ったりできるように，カメラ機能のあるタブレット端末がよい。グループに1つ準備する。朗読を録音するのみならボイスレコーダーでよい。しかし，カメラ機能があることで，複数の子どもの朗読が同じ端末に保存されていても，ライブラリ上で誰の動画かが一目で分かる。子どもの表情が分かり，これまでの学習も一覧できる。

(手順)

①朗読の様子を撮影し，朗読について助言し合う。（15分）
　T　では，一人一人が選んだ部分を朗読し，その様子を撮影しましょう。
　C　（1人が朗読する。他の子どもは撮影したり助言を考えて聞いたりする）
　T　では，撮影した動画を使いながら，朗読について助言し合いましょう。
　C　「おうい，がんの英ゆうよ」は，呼びかけるように読むといいと思う。
　C　この部分だよ。（動画を再生する）「また，堂々と戦おうじゃあないか」
　　　は，大造じいさんが残雪を，一筋縄では捕まえられないがんだと認めてい

ると思うから，それが伝わるように読めるといいね。（中略）

T　助言し合ったことをもとに，もう一度朗読をしてみましょう。（中略）

②動画をもとに，朗読の上達を振り返る。（5分）

C　前回よりも，「また，堂々と戦おうじゃあないか」の読み方に，残雪を認めている大造じいさんの気持ちをのせて読めるようになった。

C　動画があったから，自分が上手に朗読できるようになったのが分かった。

指導のポイント・留意点

- 毎時の朗読の動画を保存しておく。
  保存しておいた動画を見て振り返ることで，子どもが朗読の上達を実感することができる。タブレット端末のライブラリを日付ごとに表示することで，いつの朗読がどうだったか，振り返りが容易になる。子どもの自己評価，相互評価，教師の学習評価にも生かせる。
- 助言をもらった叙述について，自分の朗読の動画を見返させる。
  友達から助言をもらった叙述について，自分がどのように朗読していたか，動画を子どもに見返させることで，改善点やどう読むようにするかを考えやすくなる。読み方を変える必然性を子どもに実感させることになる。子どもたちがグループで動画を見ながら，「この部分はもっと○○が伝わるように読んだ方がよい」と，話し合いの中で活用することもできる。
- 子どもにメタ認知させる。
  友達と助言し合うだけでなく，それまでの自分の朗読がどうだったか，動画を通して客観的に捉えることで，自己の変容を感じ取ることができる。そのことで自分の成長に気付き，次への学びの意欲に結び付けることができる。

他教材での活用術

　「木竜うるし」（東京書籍4年下），「サボテンの花」，「生きる」（東京書籍6年）などの教材で，動画にして音読，朗読の学習で活用できる。

（橋浦龍彦）

子どもが使う場面 情報収集する

⑮ 身の回りにある「和」の文化について伝えよう

[ツール] パソコン
[教材名] 和の文化について調べよう（東京書籍5年）
[領　域] 読むこと・話すこと・聞くこと　[時　間] 第9・10時間（全13時間）

概要

　この単元では，和の文化について調べたことを分かりやすく伝えるために，構成を意識したり情報を整理したりすることを指導する。読みの単元で知った「和の文化」について視点を決めて調べて友達に伝える。調べる際に，視点（歴史，作り方，現状など）の情報を的確に見つけるためにどのように検索するとよいのかを体得していく。さらに，発表する上で，どの情報をどのように表現したらよいか，口頭で付け足した方がよい情報は何かを考えるようにさせる。

準備

　本単元の前に配置されている「和の文化を受け継ぐ─和菓子をさぐる─」を読み，和菓子の文化に歴史があること，その文化を守る多くの人がいることを学習する。和菓子以外の身の回りにある「和の文化」を出し合い，生活の中の和の文化に気付かせておく。その上で，調べたい事柄を決めておく。

手順

①「和の文化を伝えよう」を振り返り，調べたい「和の文化」を決める。（10分）

T　「和の文化を受け継ぐ」では，和菓子について知ることができました。他にも身近なところにある「和の文化」について調べて，紹介してみましょう。

C　他には，筆や障子，たたみがあります。

C　着物もそうだよね。

T　自分が決めた「和の文化」について歴史や特徴について調べましょう。

62

②決めたテーマについてインターネットを使い調べる。(30分)
T　検索の画面で「テーマ　歴史」「テーマ　由来」「テーマ　作り方」と打ち込んで調べてみましょう。
C　こんなに古い時代にできたんだ。
C　分かったことをメモしておこう。

[指導のポイント・留意点]
・インターネット検索の仕方を確認する。
　インターネット検索の能力は個人差が大きい。また，普段パソコンに触れている子どもでも検索技術はあまり高くない。どのように検索すると知りたい情報が手に入りやすくなるのかを指導する必要がある。検索ワードの入力の仕方や，検索結果のページからどのように情報をつかむかを指導することで，検索の視点を身に付けさせていく必要がある。
・調べた情報と伝えるべき情報を精査させる。
　インターネット検索では，必要以上の情報が出ていくことが多い。調べた情報を全て発表すると，情報過多になってしまう。調べたことを整理させることで，よりよい発表につなげることができる。
・自校のインターネット環境やパソコン環境を確認する。
　環境によって（通信速度など）検索時間を十分に取れないことも考えられる。慣れていないインターネット検索を子どもが十分に行えるように事前に確認をして，時間の確保ができるようにしておくことで，子どもは調べる活動に取り組むことができる。

[他教材での活用術]
　「不思議な世界へ出かけよう」（東京書籍５年），「資料を生かして呼びかけよう」（東京書籍６年），「学級討論会をしよう」（光村図書６年）などで資料を探す際に活用できる。

(田中　瞳)

子どもが使う場面 情報収集する

⑯ インターネット検索を活用した調べ学習

[ツール] スマートフォン・PC 等
[教材名] 情報を読み取る（東京書籍『精選国語総合』）
[領　域] 読むこと　[時　間] 第1時（全3時間）

概要

　インターネット検索によって情報収集を行う際，検索結果の解釈には情報発信者による検索エンジン最適化（SEO）対策や，ステルスマーケティングの影響などを考慮する必要がある。したがって，目的に沿って適切にインターネットを活用した情報収集を行うためには，情報の種類や質に対する意識をもち，情報を多面的に読む能力が求められる。このような教師のねがいから生徒が自分の情報の受け止め方について，実生活での具体的な活用場面を思い描きながら主体的に活動できるようにする。

準備

　単元に入る前に，新聞，本，インターネットの3種類について「活用の頻度，信頼性の順位と理由」「どんなときにインターネット検索を活用するか」などのアンケートを行う。アンケートの集計結果を第1時に提示することによって，生徒が

【インターネット検索のコツを探ろう】アンケート

Q1　本，新聞，インターネットについて活用の頻度と信頼性を答えてください。

メディアの種類	活用の頻度	信頼性　＊順位と理由

Q2　いつ，何を調べるときに，インターネット検索を活用していますか。

いつ	何を

ご協力ありがとうございました。結果は次の授業で。

〈【インターネット検索のコツを探ろう】アンケート〉

実生活での情報との付き合い方を振り返る場面を設ける。その後で調べ学習の計画を立て，活動への見通しをもてるように指導する。

64

手順

①アンケートの結果から考えたことをワークシートに記入して，グループで
話し合い，話し合ったことを発表する。（15分）

T　アンケートの結果について話し合ったことを発表してください。

S　私たちのグループでは，インターネット，本，新聞の順に信頼性が高くな
ると考えました。本は最近では自費出版などもあり，誰でも出版できるよう
になったため，本の信頼性は相対的に下がっていると思います。（中略）

②各グループの発表を生かして，インターネット検索のコツについて話し合
いワークシートにまとめ，次時以降の調べ学習の計画を立てる。（15分）

T　発表では「いつ」「誰が」書いた情報なのかをはっきりさせることが価
値ある情報をつかむコツのようですね。では，他にはどんなコツがあるの
かグループで話し合って，調べ学習の計画を立てましょう。

指導のポイント・留意点

• 自分の情報の受け止め方を振り返る。
　生徒は日常生活の中でインターネット検索を気軽に行っているが，検索結
果に対して批判的思考力を働かせているだろうか。生徒が自分の情報の受
け止め方を振り返る契機となるよう指導することがポイントとなる。

• インターネット検索を行う学習活動を設定する。
　友達，グループで同じテーマについてインターネット検索を行う活動を設
定することにより，検索のコツをつかむだけでなく自分の情報の受け止め
方もメタ的に捉えることができるようになる。

他教材での活用術

　「しらべてまとめる」（筑摩書房『精選国語総合改訂版現代文編』），「発表
する　私の好きなもの」（明治書院『新高等学校国語総合』）など，プレゼン
テーション，書くことと関連させることも有効である。

（山川　研）

子どもが使う場面　読んだことを書く

⑰ 「Word」を活用して，子どもの目的や意図に応じた表現力を育成する

[ツール] 電子黒板（「SKYMENU」授業支援ソフト），タブレットPC（「Word」文書作成ソフト）
[教材名] 「なべ」の国，日本（三省堂6年）
[領　域] 読むこと・書くこと　[時　間] 第4～8時（全8時間）

概　要

　この単元では，引用文や表・グラフを含んだ文章の効果的な読み方を工夫し，事実と意見を押さえて要旨を捉えることを目標にしている。教科書の学習をもとに「Word」を活用して，世界の伝統的な料理のリーフレットを作成する。単元の最後には完成したリーフレットを読み合い，交流する。

教科書を中心とする展開（第1～3時）

　はじめに，教科書を読み構成と筆者の主張を捉える。次に引用文や表・グラフを使った筆者の意図を考えて発表し合う。さらに，なべ料理の人気が高い理由について，事実と意見に分けて筆者の考えをまとめる。

リーフレットづくりを中心とする展開（第4～8時）

第4時：リーフレットの題材・内容の決定，インターネットで情報の収集

T　「なべ料理」の中から，自分の題材を決めよう。

C　「なべ料理」の歴史・作り方・豆知識を調べたいな。

T　「リーフレットづくりの10の視点」から，内容の充実を図ろう。

C　「評価の視点」で自分の作品をよりよくできるな。

第5時：レイアウトと小見出しの決定，使用する画像・表・グラフの挿入

> **【リーフレットづくりの10の視点】**
> ①『見出し』は，文章が短く，内容が強調されているか？
> ②『作り方』は，箇条書きで簡約されているか？
> ③『事実』は，料理の歴史・関わりが正しく記され，文末表現が断定的であるか？
> ④『意見』は，自分の思い（要旨）が相手に伝わる内容であるか？
> ⑤『事実』や『意見』の文章は，200文字程度の内容が書かれているか？
> ⑥『関係のある資料』が，最低4枚以上貼られているか？
> ⑦『効果的なグラフなどの資料』が，1枚でも使われているか？
> ⑧『文章の引用』は，（参考文献を記し）必要に応じた編集がされているか？
> ⑨『文字のフォントやレイアウト』は，見やすく整理・工夫されているか？
> ⑩『世界に一つのリーフレット』を作るため，友達と学び合い，満足のいく作品ができたか？

T　まずは，全体のレイアウトを決めて，項目ごとに小見出しを考えよう。

C　レイアウトは見やすく，項目の小見出しは印象に残るものにしたいな。

T　次に使用する資料をインターネットで集めて，項目ごとに貼り付けよう。
C　各項目ごとに貼り付ける資料があると，内容が伝わりやすいかな。

第6・7時：内容文の仕上げ，リーフレットの完成
T　引用した文章で内容文を書くときは，引用元を忘れずに書こう。

第8時：完成したリーフレットの交流
T　効果的な表現方法を探しながら，友達と作品を通して交流しよう。

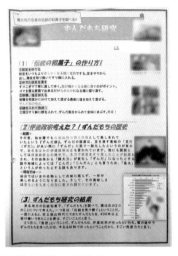

[指導のポイント・留意点]

- 「10の視点」を示すことで，作品の自己評価・相互評価ができる。
  評価する項目を視点として示すことで，子どもが意識的に取り組めるようになる。また「10の視点」を活用して振り返ることができる。

- インターネット上から引用するときは，引用元を正しく示す。
  情報モラルの学習を行い，ICTの活用における利便性と危険性に触れておく。

- 多様な学習活動を計画して「Word」の基本的な操作方法を身に付けさせる。①「ページ・レイアウトの設定」，②「文字の入力・編集」，③「表・グラフ・図形・画像などの挿入・編集」，④「自分らしい表現方法の工夫」など，年間を通して身に付けさせる。

[他教材での活用術]

「見学レポート」（三省堂5年），「よさを伝える広告」「短歌を作る」（三省堂6年）でもWordを活用することができる。

（齊藤佑季）

子どもが使う場面　交流する

⑱「黒い部分」の周りにある「白い部分」を想像しよう

[ツール] パソコン，デジカメ，パワーポイントソフト
[教材名] テレビとの付き合い方（東京書籍5年）
[領　域] 読むこと　[時　間] 第8時（全8時間）

概要

　この単元は説明文教材である。筆者は報道される情報はたくさんの情報の一部が切り取られたものであり，その外側にも事実があることを忘れてはならないことを読み手に伝えている。この筆者の考えを理解した上で，自分たちが筆者の立場になって実際に情報を「切り取り」友達に提示する。事実と友達が受け取る情報がどのように変化するのかを体験し，情報の発信者と受信者を体験することで，メディアリテラシーの意識を養うことにつなげる。

準備

　子どもが行う活動をイメージさせるために，事前に写真や動画を用意する。ある事実全体を移したルーズ（引き）の写真（動画）と切り取ったアップ（拡大）の写真（動画）を用意する。または，角度を変えて撮影することで印象が変わるもの，高さを変えて印象が変わるものでもよい。教師の事例を見せた上で，子どもにも，同様の写真や動画を撮影させ，パソコンを使い，簡単なクイズ形式で編集をさせておく。

手順

①本文から読み取った筆者の考えを再確認する。（10分）

T　筆者は，報道される情報は切り取られたもので，その周りにもたくさんの情報があると述べていたね。

C 切り取られた黒い部分だけではなく、その周りに白い部分があることを忘れてはいけないって書いてあったよ。
T では,「黒い部分」を見せて友達にその事実を予想してもらおう。
②自分が撮影,編集した写真(動画)を友達と見せ合う。(15分)
T まずは,「暗い部分」,切り取った情報を見せよう。見た子はその周りにある「白い部分」を想像して何の写真か答えようね。
C (ペアやグループ同士で集めた写真を見せ合う)
C これはどんな場所でしょう。
C 人がいっぱい座っているね。きっと周りにもたくさんの人が座って勉強してるんだよ。
C 逆に,周りはスカスカかもよ?
C 正解はね…(全体写真のスライドを見せる)
C うわー全然違う! 分からなかったー!

指導のポイント・留意点

- 日常にある風景を「切り取る」ことで印象が変わる例を提示する。
報道されるニュースや,教科書に載っている写真のような特別なものではなくても,身の回りにもそういう情報が存在することに気付かせ,子ども自身が探そうとする意欲につなげる。
- いつでも使えるデジカメを用意しておく。
友達に見せたい情報をすぐに記録できるように,教室にデジカメを用意しておく。複数グループで共有する方法もよいが,グループに1つあると見つけた情報を内緒にできる。

他教材での活用術

国語での意見文を書く単元や,社会や総合でのまとめ学習の際に活用できる。 (田中 瞳)

子どもが使う場面　交流する

⑲ SNS のつながりを利用したインタビュー活動

[ツール] Facebook, Skype
[教材名] 社会との関わりを伝えよう（光村図書『国語3』）（生徒各自が設定したテーマのプレ
　　　　 ゼンテーション。ここでは，イスラム教について調べていた生徒たちの取り組み事例を
　　　　 紹介する）
[領　域] 話すこと・聞くこと　[時　間] 第1〜5時（5時間）

概要

　生徒が，自分たちで設定したテーマについて，掘り下げてリサーチをする
過程で，SNS や Skype を利用してインタビューを行う。

準備

　各自が設定したテーマについて，まずはインターネットを使って各自でリ
サーチを進める。その後，調べた情報に関して浮かんだ疑問点や，欲しい情
報を明確にした上で，インタビューに入る。

　この事例では，イスラム教の教えや考えについてインターネット上でリサ
ーチを行っていたが，どの情報が正しいのか判断できず，また周りに尋ねら
れる人もおらず，困っていた。そこで，以前 Skype で交流をしたことがあ
ったカタールとパキスタンの教員に Facebook を使って連絡を取り，インタ
ビューの日程を調整した。生徒たちは，インタビュー当日までに，知りたい
情報を得られるよう英語で質問を作り，教員は，生徒の質問文を，事前にカ
タールとパキスタンの教員にメールまたは Facebook messenger で送った。

手順（インタビュー当日）

① Skype を接続し，インタビューを開始する。（30分）

　生徒が質問をし，日本側の教員は相手の回答を日本語に翻訳して生徒に伝
える。（S は日本の生徒，Q はカタールの男性教師，P はパキスタンの女
性教師，J が日本人教師）

70

S Hello. May I ask you a question?

Q Sure.

S I heard that Muslim women mustn't drive a car. Is it true?

Q No, it's not. Women can drive a car even if she is Muslim. But maybe it's banned in some countries because driving a car is dangerous. It's banned in order to protect women.

J イスラム教徒でも，女の人は運転できます。中には禁止をしている国もあるけれど，それは，運転は危ないから女性にさせてはいけない，つまり女性を守るためだそうです。

S Thank you. I also heard that Muslim women mustn't go outside alone. They should go out with men and they can't walk outside alone.

P No. it's not true. Every day I walk to my workplace alone. But it's better if you go with men, especially with your father or brother because they will guard you.

J そんなことはないそうです。この人は実際，毎日1人で歩いて職場まで通っているらしいです。でも，親族の男性が一緒にいた方が，護衛として守ってくれるから，男性と出かける方がよいそうです。

②最後に，生徒からお礼を言ってインタビューを終了する。（5分）

指導のポイント・留意点

・相手教員への質問は，全て生徒が行う。

・インタビューの場合，相手の話す英語に強い訛りがある場合がある。そのような場合は，外国語指導助手（ALT）に間に入ってもらうとよい。

他教材での活用術

英語と関連させて指導する。インタビュー以外でも Google Forms でアンケートを作成し，Twitter を通じて友人に協力を依頼してもよい。（堀尾美央）

Chapter **3** **実践編** 授業で使える場面別 ICT 面白活用術50 71

子どもが使う場面　交流する

⑳ Flipgrid を活用したクラスの壁を越えた発表

[ツール] ソーシャルラーニングアプリケーション Flipgrid（スマートフォン，タブレット，パソコンで使用可能）
[教材名] 社会との関わりを伝えよう（光村図書『国語3』）
[領　域] 話すこと・聞くこと　[時　間] 第1〜5時（全5時間）

概 要

　この単元に登場する2人の人物になりきり，インタビューを行う模擬インタビュー番組の動画を作成し，Flipgrid を使って共有する。

準備（Grid 作成手順）

①教師は Flipgrid に登録する。（無料。Google アカウントか Microsoft アカウントがあればできる）

②青の +New Grid ボタンをクリックし，新しい Grid を作成する。

　Grid Community Type の設定を，Student ID List にし，生徒のログイン用 ID を設定すれば，メールアドレスを持っていない生徒でもログインができる。設定を PLCs and Public Grids にすると，Google アカウントか Microsoft アカウントを持っている生徒ならログインできる。

③作成された Grid のコードをひかえておく。パスワードも，必要があれば設定しておく。

手 順

①4〜5人のグループを作り，インタビュー番組のシナリオを書かせる。（30分）

② Flipgrid アプリを起動する。パソコンの場合は，https://flipgrid.com にアクセスする。（5分）

③教師に指示されたコード（または QR コード）を入力する。（5分）

④ Grid に表示される緑の＋をクリックし，撮影，アップロードする。（10分）

事前にスマートフォンやタブレットで撮影・編集し，インポートすること
もできるが，サイズは250MBまで。

指導のポイント・留意点

- 準備の段階がポイント。

　インタビュー番組の流れからインタビューまで，全て生徒に作らせる。た
だの質疑応答で終わらないように，単元の中に読み取れる2人の人物・2
人の人生についての概要説明，インタビューの質問までの状況説明，話を
聞いた後のコメントなどを含めるため，概要を理解させるために，生徒た
ち自身で本文を読み込ませる。また，教科書からは答えが読み取れないイ
ンタビュー質問を1つは含めるものとする。

- クラス間で共有する。

　教室で前に出て発表という形でもよいが，このFlipgridの魅力の一つは，
同じコードを入力した人であれば，誰もが同じGridに動画を投稿できる
点にある。投稿が終わったら，次の時間に他クラスの動画数本を授業の中
で鑑賞し，よい点を共有し合うことで，クラス間での理解や意欲の差を少
しずつ埋めることができる。

　また，学校によって制約があるかもしれないが，本校の場合はこの撮影を
する場合に限り，教員の許可を得た上で，校内でのスマートフォン使用を許
可した。人前での発表が苦手な生徒でも，この方法なら活動に参加できた。

他教材での活用術

　コードさえ共有すればどこでもアクセス可能なので，言語を英語にした場
合，諸外国との動画交流も可能になる。本校英語コースに所属している生徒
有志は，2017年にアメリカの高校生と手紙のやり取りをしていた際，お互い
の学校の施設を動画で紹介し，Flipgridにアップロードして文化交流を図っ
た。

（堀尾美央）

子どもが使う場面　交流する

㉑ 教育用 SNS で時間の制約なく交流させる

［ツール］タブレット
［教材名］見つけたことをしらせよう（教育出版1年下）
［領　域］書くこと　［時　間］第1時（全7時間）

概要

　この単元は，展覧会を鑑賞し，展示されている作品の中から気に入った作品を選び，その絵をよく見て気付いたことを記録する文章を書くことを主たる学習活動とした。

　単元を開始する前に，教室に展覧会に出展される作品の画像や，美術館が作成したジュニアガイド等の展示を行った。また，教育用 SNS（Edmodo）を利用して出品作品についていくつかアンケートとクイズを行った。

　第一次ではポスターを題材に「絵を見て気付く」ことの練習を行った。これによって，漫然と絵を見に行くだけではないということを子どもに意識させた。

　第二次の鑑賞の際には，美術館のスタッフによる対話型グループ鑑賞の時間を設けた。ここで「作品を見る→言語化」を実践させ，その上で各自のお気に入りの作品を決めてメモを取らせた。

　第三次では，メモをもとに書いた文章を，教室だけでなく教育用 SNS を使って読み合うこととした。

　低学年の子どもなので，教育用 SNS への入力はまだ難しく，保護者に協力してもらったが，これによって「SNS は親と見るもの」という認識を低学年の子どもにもたせることができた。

準備

　教育用 SNS を利用できるようにしておく。学校として登録する，アカウント（教師用，子ども用，保護者用）を用意する，保護者向けに説明会を開

催する等。低学年の場合，自分では様々な設定ができないので，教師の側で名前や写真を入れておく必要がある。

手順

①学習の振り返りとめあての提示。（10分）

T　友達の書いた文章を読んで，よかったところや感想を伝えよう。

②前日に書いた文章を読み直し，間違っているところを直したり，読む練習をしたりする。（15分）

③抽出児の文章を全員で読む。

T　聞きたいことはあるかな？

T　よかったところはどこかな？

T　この絵について，「自分は違うことを思ったな」ということはあるかな？

④感想メモを書く。（10分）

⑤友達に感想を言ってもらえるとどんな気持ちがするかを述べ合う。（5分）

⑥続きは Edmodo で行うことを説明する。（5分）

指導のポイント・留意点

　友達の文章を読み，よかったところの感想を伝え合うことで「気付いたことを文章にしてよかった」という実感をもたせることが大切。ただ，そうした実感をもたせるには「伝え合う」ことがたくさん行われないと難しいが，教室での授業時間だけでそれを実現することは無理である。時間的な制約，場所の制約を取り払った教育用 SNS 上で，全ての子にこの実感をもたせたい。

他教材での活用術

　教育用 SNS は，交流活動を取り入れる全ての授業で活用することができる。学級の中に小グループを作ることも可能なので，グループごとの話し合い活動でも活用したい。

（鈴木秀樹）

```
子どもが使う場面  交流する
```

㉒ テキストマイニングで全員の意見を可視化する

[ツール] タブレット，User Local AI テキストマイニング
[教材名] 雪わたり（教育出版5年下）
[領　域] 書くこと　[時　間] 第1時（全8時間）

概 要

　宮沢賢治の「雪わたり」は，子どもにとっては馴染みの薄い言葉が散りばめられ，独特のリズムで書かれた言葉が何度も出てくる，あまり読んだことのない文体の物語である。この「雪わたり」の世界にどっぷりと浸からせるために，学級の子どもの感性を総動員させるのが本時のねらいである。

　そのために「フォームで回答を収集」し，「収集した回答をテキストマイニング」する。これによって「自分がちらっと思ったこと」「なんとなく気になったこと」が意味をもってくることを実感させる。その上で感想をまとめ，共有するツールとして教育用 SNS を活用するのである。

準 備

　教育用 SNS を利用できるようにしておく。学校として登録する，アカウント（教師用，子ども用，保護者用）を用意する，保護者向けに説明会を開催する等。タイピングやコンピュータの操作にある程度慣れている場合，アカウントの基本情報は教師の方で作るとしても，写真等のプロフィール情報は本人にさせると「自分のアカウント」という意識が高まる。

　Microsoft Forms 等で「気になった登場人物を選びましょう」「気になった言葉を書きましょう」等，選択肢か単語で答えられる質問にとどめたフォームを作っておく。

手 順

①全文を通読する（デジタル教科書等による朗読を聞きながら読むことがお

76

すすめ。独特なリズムが多いので初読での輪読はやめた方がよい)。(10分)
②初読の感想をフォームに入力させる。(10分)
③集まった感想(例えば「気になった言葉」)をテキストマイニングする。(10分)
④テキストマイニングの結果を電子黒板等に表示して,「なぜその言葉が気になったのか」「自分は気にしなかったけれど,友達が気にした言葉には何があるか」等を発表させる。(10分)
⑤教育用SNSにテキストマイニング結果を送り,それへの返信という形で初読の感想を書かせる。早く送れた子どもは,他の子どもの感想にコメントする活動を時間まで続ける。(5分)

(指導のポイント・留意点)

手順②の所要時間が短くなるよう,質問をよく考える必要がある。ここで児童間の所要時間の差が大きくなると授業全体がコントロールしにくくなる。教育用SNSの特性を生かして,⑤の他の子どもへのコメントを書く活動は,家庭で引き続き取り組んでもよいことにしておく。

(他教材での活用術)

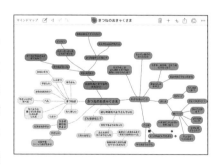

「フォームで回答を収集→テキストマイニング→全体で交流→教育用SNSに感想を書き込む→感想を読み合う」という活動は,全ての物語教材で使うことができる。「フォームで回答を収集→テキストマイニング」という手順が難しい場合は「初読の感想を自由に言わせる→教師主導でマインドマップにまとめる」ことで替えてもよい。

(鈴木秀樹)

子どもが使う場面　交流する

㉓ テレビ電話機能を利用した学びの拡大

[ツール] テレビ電話アプリケーション（Skype，Zoom）がインストールされたパソコン，
　　　　 ウェブカメラ（パソコン内蔵可），マイクとスピーカー
[教材名] 社会との関わりを伝えよう（光村図書『国語3』）
[領　域] 話すこと・聞くこと　[時　間] 第1〜5時（全5時間）

概要

　この単元では，南アフリカの水不足問題と，それに対するプレイポンプ・インターナショナルというプロジェクトについて学んだ。さらに実際に南アフリカと Skype を接続し，教科書だけでは知りえない現地の声を聞く。

準備

　南アフリカ側とは，事前にセッションの内容，こちら側が何が知りたいのか，時差などをメールで確認しておく。生徒には，接続する相手について事前に紹介し，4〜5人1組のグループを作り，インタビュー前日までに，各グループの代表者に，実際のセッションをイメージし，接続して交流が始まったときのあいさつ，質問までの流れ，質問したい内容を考えさせ，どのグループが何を担当するか決めておく。

手順

①機材準備・復習（10分）

　単元で読んだ内容をざっと口頭で復習する。接続中は，南アフリカの先生が話してくださったことをメモに取るように伝える。

②接続（30分）

　1）最初のグループの生徒によるあいさつ

　2）2番目，3番目のグループの生徒による General Question
　　　南アフリカについて知る簡単な質問（言語や時差など）

　3）残りのグループによる，南アフリカの水問題についての質問（英語）

Q1 水問題は本当に深刻なんですか？

A1 深刻です。1日に使用できる水の量が決まっています。

Q2 実際にどんな状況なんですか？

A2 特に地方では深刻で，動物が水を飲んでいる川まで水を汲みに行っている人たちもいます。決してきれいな水ではありませんが，インフラも十分に整備されていないので，仕方がありません。

Q3 プレイポンプは今も使われていますか？

A3 プレイポンプとは？（写真を見せる）あ，これですね。たくさんありますよ。でも，もう使われていないものがほとんどです。

③まとめ（10分）

新しく学んだこと，気付いたこと，意外だったことなどをグループの中で話し合わせ，接続して話を聞いた印象を含めた振り返りを書かせる。

指導のポイント・留意点

- 「話すこと」に対しては生徒主体。

  本時における「話すこと」は，主に相手の先生へのインタビューの場面になるが，特に Skype では，一語一語明確な発音で大きな声で話さないと伝わらない。質問をする生徒には常にこの点を意識させる。

- 「聞くこと」に対しては教員のファシリテートが必要。

  非英語圏の人たちが話す英語は訛りが強いため，生徒だけでは聞き取れない場合がある。また，内容によっては難しい語句や説明をされる場合もあるため，生徒が理解できるよう，簡単な単語や英語で言い換えて説明する。

他教材での活用術

英語と関連させて学習する。ELEMENT Ⅲ（啓林館）の Lesson 3 "Environment or Orangutans?" の単元では，実際にボルネオ島の学校と接続し，現地の生徒とディスカッションをした例もある。

（堀尾美央）

子どもが使う場面 | 交流する

㉔ 三角ロジックで構成する「私が考える"おもてなし"」

［ツール］タブレットPC，プロジェクター，SKYMENU，Scratch
［教材名］科学はあなたの中にある（光村図書『国語2』）
［領　域］書くこと　［時　間］第6時（全6時間）

概要

　この単元では「意見が相手に効果的に伝わるように，事例を挙げながら自分の意見を書く力」を身に付けさせる。論理的思考の手段である「三角ロジック」を用いて，「データ（事例）」「理由付け」を挙げながら「主張」を組み立てていく。主張を支える事例が適切かどうかについて考え，どのような事例を用いたらよいか自分の考えをもつことをねらいとする。小学校段階で育むプログラミング的思考からの系統性を意識しながら，プログラミング言語「Scratch」による論理構成と国語科指導における論理的思考とを関連付けて生徒たちの学びを深めていく。

準備

　事前にScratchでのカーレースゲームのプログラミングを体験させておき，筋道立てて意見を組み立てていくことの大切さを実感させておく。

　「私が考える"おもてなし"」について，自分の意見を三角ロジックで表し，発表ノートを使って，プレゼン用のスライドを作成しておく。

手順

① 「Scratch」を用いて，プログラミング的思考で筋道立てて意見を組み立てていくことが大切だということを振り返り，本時のねらいを確認する。（5分）
② 4人組でタブレットPCを操作しながら自分の意見を発表する。（5分）

③「私たちが考える"おもてなし"」の定義について班で話し合い，三角ロジックを組み立てる上で適切な事例を全員のカードの中から1つ選び，スライドに示す。（15分）

④各グループが作成した三角ロジックを見ながら，評価機能を用いて個人で評価をする。（5分）
⑤いくつかのグループの意見を取り上げ，根拠や理由として挙げた事例について代表者が説明する。また，評価した生徒も理由を発表する。（5分）

⑥効果的な事例の用い方について自分の考えをワークシートに書く。（5分）

[指導のポイント・留意点]

- スクリーンにスライドを投影し，これまでの学習を振り返ることによって，本時の学習への見通しをもたせる。
- 意見発表の際にはタブレットPCで発表ノートを操作しながら発表させる。

- 発表ノートの画面合体機能を用いて，グループの意見を三角ロジックで書き表したスライドを作成させる。
- 完成したグループのスライドは評価フォルダに入れ，評価機能で事例の用い方について相互評価をさせる。

- 相互評価の際には，「分かりやすい」→黄色，「質問したい」→赤色のカードを貼らせ，全体共有の際に理由を発表させる。

[他教材での活用術]

「根拠を明確にして書こう」（光村図書『国語2』），「説得力のある文章を書こう」（光村図書『国語3』）など，意見文の構成を考える学習に活用できる。

（前川智美）

子どもが使う場面　交流する

㉕ 共有アプリを使って　主体的に友達との関わりをもつ

［ツール］タブレットPC
［教材名］心の動きがわかるように（教育出版4年下）
［領　域］書くこと　［時　間］第1～7時（全7時間）

概要

　この単元では，様子が分かるように言葉を選んで書いたり，作品を読み合って感想を言ったりすることをねらいとしている。情報をクラウド化できるアプリケーションなどを使うことによって，全員が作文を書き終わった段階で一斉に感想の交流を行うのではなく，書き終わった子どもから次々に作品をアップロードし，自由に読み合うことができる。使用する機器やアプリケーションによっては，コメントを残したり，評価するマーク（例：「いいね！」という評価を付ける）を付けたりすることで，感想の交換も容易になる。

準備

　タブレットPCを1人1台ずつ用意する。情報の共有に必要なアプリケーションを予めインストールしておく必要がある。有料サービスもあるが，アップロードしてお互いに読み合うだけであれば，無料のサービスもある。（例：クリエイタブルズ，Googleドライブ）

手順（単元の構成）

①伝えたいことをメモに書き出し，文章の組み立て表を作る。（第1時）
②組み立て表をもとに，友達と意見を交換する。（第2時）
③文章を書く。（第3～7時）
　・書き終えた文章を，写真に撮ってアップロードする。
　・全て書き終えてからアップロードという形式ではなく，授業の終わりご

とに途中でも毎回公開するようにすれば，よりお互いに交流する機会は増えるため，進度によって選択するとよい。

④作品を読み合う。特に以下の観点を中心にコメントをする。（第3～7時）

　・気持ちがよく伝わってきたところ

　・書き方で工夫しているところ

指導のポイント・留意点

- 友達がすぐに読んで，コメントをしてくれるよさ

　作文をはじめとして，学校での書く活動は1人での作業になりがちである。また，場合によっては時間がなく，書いたまま教師以外誰にも読まれず終わってしまう文章もある。これは作文嫌いを生み出す原因の一つであると考えられる。友達が気軽に読んでコメントを書いてくれることは，書き手にとって大きなモチベーションになる（ソーシャルメディアを使ってコミュニケーションを取る感覚とも近いものがある）。

- いつでも友達の作品を参考にすることができる。

　作文を書いている最中の子どもも，いつでも書き上がった作品を見ることができる。他者の文章にアクセスすることで，今自分が書きあぐねていることのヒント，あるいは原稿用紙の使い方のきまりなどを参考にすることができる。自分の現在の進度についても，他者と比較して確認することもできる。

- お互いにコメントや評価を付け合う際の注意

　システム上簡単にコメントができてしまうので，「相手を誹謗中傷するようなことは書かず，褒め言葉を残そう」といった声かけも必要である。また，特定の子どもにコメントや評価が集まりすぎないよう配慮をしたい。

他教材での活用術

　作文単元以外でも，「わたしの研究レポート」（光村図書4年下），「これであなたも作家になれる」（学校図書4年下）など，書くことを共有する活動では広く応用可能である。写真や絵も簡単にアップロードできる。（堀口史哲）

子どもが使う場面　交流する

㉖ コミュニケーションツールで学級の状況を可視化する

[ツール] タブレット端末，プロジェクター（テレビ）
[教材名] 立場を決めて討論をしよう（東京書籍5年）
[領　域] 話すこと・聞くこと　[時　間] 第1時（全8時間）

概要

　この単元では，主張と理由を明確にしながら討論することを指導する。SKYMENUの投票機能を活用し，子どもの立場を可視化することでスムーズに討論に移れるようにする。

準備

　子ども1人1台，パソコンもしくはタブレット端末を用意する。教室もしくはパソコン室で授業を行うとよい。討論への意欲をもたせるよう，子どもたちに投げかける質問として，立場を示しやすいものを準備しておく。

手順

① SKYMENUを使って投票する。（5分）

T　宿泊学習で行うレクリエーションは，何がよいですか。
C　「木こりとりす」がしたいです。
C　「猛獣狩り」がいいです。（中略）

T　それでは，どれがいいか，投票してみましょう。
C　（SKYMENUで投票する）
C　「猛獣狩り」に投票した人が多いね。
C　「猛獣狩り」に賛成の人は，どれくらいいるのだろう。
C　「猛獣狩り」に賛成か反対かに分かれて，宿泊学習でするかどうかを話し合うのはどうかな。（中略）

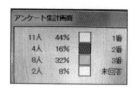

②議題について，賛成か反対かで投票する。（5分）

T　みなさんは，宿泊学習のレクリエーションで「猛獣狩り」をすること
　　に，賛成ですか，反対ですか。投票してください。

C　（パソコンもしくはタブレット端末で投票する）

C　（集計結果を見て）賛成の人が少し多いみたいだよ。

C　その遊びのよさや理由を，みんなでもっと話し合って決めたいな。

T　では，賛成と反対に分かれて討論をしましょう。

指導のポイント・留意点

- 議題を絞ること，立場を決めることの2つにICTを活用する。
  子どもが議題となり得るものをいくつか挙げたのち，一度投票を行う。得
  票数が多かったものなど，議題を決めたのち，賛成か反対かで再度投票を
  行う。同じツールを2度活用することで，スムーズに学習を展開できる。
- 投票した人数をグラフで，投票時間を一覧で可視化する。
  議題を挙げ，人数を集計するのみであれば，ICTを活用しなくても行える。
  しかし，SKYMENUの投票機能では，棒グラフや円グラフで投票数が表示
  される。誰が何秒で投票したかが分かり，明確に学級の状況が可視化できる。
- 回答と投票に要した時間から，話し合いを進める。
  質問に対して，素早く投票した子どもであれば，自分の立場や考えを述べ
  やすいと考えられる。また，時間をかけて投票した子どもであれば，選択
  肢の長所と短所を吟味した結果と考えられる。素早く投票した子に理由を
  尋ねて話し合いを始めたり，時間をかけて投票した子に迷った理由を尋ね
  たりすると，子どもが他の立場を意識できるようになる。

他教材での活用術

　「問題を解決するために話し合おう」（東京書籍6年），「クラスで話し合お
う」（東京書籍4年下）で議題を決める際など，学級の状況を可視化してそ
の後の学習に生かす場面で使うことができる。
　　　　　　　　　　　　　　　　　　　　　　　　　　　　（橋浦龍彦）

子どもが使う場面 学びの履歴を記録する

㉗ 学びの履歴記録ツール

［ツール］タブレット
［教材名］わらぐつの中の神様（光村図書5年）
［領　域］読むこと　［時　間］第4時（全5時間）

概要

　何をもってデジタルポートフォリオと呼ぶのか，その定義はなかなか難しい。細かくテストやレポートについて評価も含めて記録していったものをデジタルポートフォリオと言う場合もあるが，毎日，タブレットを使ってノートの写真を撮って溜めていけば，それもデジタルポートフォリオと言えなくはない。何らかの形で学びの履歴をデジタルデータで溜めていけば，それがデジタルポートフォリオということになるだろう。

　むしろ問題は，「どのようなデジタルポートフォリオに意味があるか」ということであろうが，それを考えるためには「誰の何のためにデジタルポートフォリオを作るのか」という目的をはっきりさせなければならない。

　例えば「教師が子どもの書字の向上について把握するため」であれば，手書きのノートやプリント，漢字テスト等の画像データを蓄積していくことが目的に合致したデジタルポートフォリオということになるだろうが，「子どもが自分の思考の過程を振り返れるため」であれば，ノートに加えて授業ごとの振り返りも欲しいし，友達と話し合いをしたときにどのような発言をしたかの記録（録音や録画，あるいはそれをテキスト化したもの）も欲しいかもしれない。教師には，目的に合った適切なデジタルポートフォリオを設計することが要求される。

　「そんな厳密に考えず，とりあえず記録しておけば後で何かの役に立つのではないか」という考えは捨てた方がよい。デジタルデータは，蓄積が容易なために「とりあえず取っておこう」となりやすいが，データ量がストレージを圧迫するのは時間の問題だし，問題になったときに「いらないものは削

86

除しよう」と思っても，どれが必要でどれが不要かを判断するのはかなり手間のかかる作業である。これは金銭的にも時間的にも高いコストになりかねない。デジタルポートフォリオは「目的に合わせて必要なだけ」データを蓄積するように努めたい。

［準 備］

OneNote，Teams，学習者用デジタル教科書を準備する。

［手 順］

①デジタルポートフォリオの目的をはっきりさせる。（5分）

T　友達のマイ黒板を見て，自分はそれを参考にしてどのくらい変更したのか。それはなぜだったかを考えてみましょう。

②自分のマイ黒板を仕上げた段階でスクリーンショットを撮り，Teamsに投稿する。（15分）

③Teamsで友達のマイ黒板を見て，よいまとめ方を参考にして修正し，完成したらスクリーンショットを撮る。（20分）

④最初のマイ黒板，参考にした友達のマイ黒板，修正したマイ黒板のスクリーンショットをOneNoteに貼り，どこを参考にしてどのように修正したのかを記録し，振り返りを書く。（5分）

［指導のポイント・留意点］

「友達のマイ黒板を見てよいところを学んで自分のマイ黒板を修正する」という活動は，回を重ねるごとに上手になっていくので，1単元で終わらせずに取り組ませたい。

［他教材での活用術］

本実践ではマイ黒板機能を利用したが，手書きのノートでも「友達のノートを見て考える」活動を取り入れれば同様のことができる。　　　（鈴木秀樹）

子どもが使う場面　学びの履歴を記録する

㉘ kintone でトレンドをハントし，企画書を作る

［ツール］タブレット PC，電子黒板，kintone
［教材名］調べたことを報告しよう（光村図書『国語１』）
［領　域］書くこと　［時　間］第６時（全６時間）

概要

　この単元では，情報を「集める」「分析する」「伝える」という３つの視点において授業を進めることとする。手立てとして情報共有ツールである業務改善アプリ「kintone」を用いることで，全て kintone 上で効率よく情報を集め，クロス分析・グラフ化し，交流できるようにした。新学習指導要領では「情報」の扱い方について重きが置かれている。急速に IT 化が進む中で，子どもたちが扱う「情報」の種類や情報量も時代とともに大きく変化してきている。これからの時代，子どもたちはそのような情報の中から，目的に応じて，自分に必要な情報を取捨選択して読解し，整理して言語化・文章化して相手に伝える力が必要とされてくる。本単元では，実社会で広く用いられている IT ツールを使うことによって，次世代の社会の中で生き抜くための「集めた情報を言葉で伝える力」を身に付けさせたいと考える。

準備

　kintone を用いて「中学生が使う文房具のトレンド」についてのアンケートを取り，結果をクロス集計によって分析し，企画書に使用するグラフを作成しておく。

手順

① 「文房具開発の企画会議で，博士に中学生が使いたい商品を伝える」という目的で，より伝わる文章の構成について考えていくことを確認する。（５分）

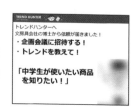

②作成した企画書をkintone上で読み合い，コメントをし合う。（10分）
③作品を取り上げながら「結論」から伝えた方が分かりやすい構成になることに気付かせる。（5分）
④コメントを踏まえて自分の企画書を読み直し，必要に応じて加筆・修正をする。（15分）
⑤構成を変えた生徒に，どのように文章を変えたかを発表させ，相手や目的に応じて構成を工夫することが大切であるということに気付かせる。（5分）
⑥単元の学習を振り返り，実社会でも「相手意識」と「目的意識」をもって伝えることが大切であり，例えば「時間がない人に話す際には，結論から伝えることが多い」などの例を紹介する。（10分）

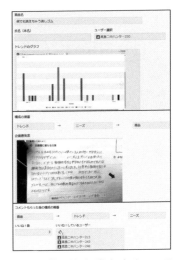

指導のポイント・留意点

- kintone上で企画書について交流する際には，構成がよかった企画書には「いいね」を押し，改善点があればアドバイスをコメント機能で書き込ませる。
- 交流後，構成をどのように書き直したかが一目で分かるよう，kintoneに「トレンド」「ニーズ」「商品」のプルダウンリストを作成しておき，書き直した後の構成をkintoneに入力させる。

他教材での活用術

　kintoneは情報を集めたり共有したりすることに関して汎用性が高いため，「1年間の学びを振り返ろう―ポスターセッションをする」（光村図書『国語1』）や，「職業ガイドを作る」（光村図書『国語2』），「読書記録をつけよう」（光村図書『国語3』）にも活用できる。

（前川智美）

子どもが使う場面　学びの履歴を記録する

㉙ 日常的に使えるみんなで集めた言葉のたからばこ

［ツール］カメラ，プロジェクター（テレビ）
［教材名］「日本語のしらべ―春」（東京書籍２年上）
［領　域］書くこと　［時　間］第１時（全４時間）

概要

　この単元は，四季折々の自然の美しさや情景を表現した詩とともに，言葉遊び歌を掲載している。年間を通して，継続的に活動に取り組ませ，学びの記録として板書を撮影し教室に掲示することで，日常的に活用できるようにする。

準備

　それぞれの季節のその時間の板書を撮影し，掲示する。春，夏，秋，冬の計４回行う。

手順

①春らしい写真を見せてどんな感じがするか質問する。（10分）
T　春がやってきましたね。先生が春らしいなと思った風景を，写真に撮ってきました。見てください。（画像を見せる）
C　桜の花だ！
T　そうです。みなさんは，この写真を見て，どんな感じがしますか。
C　桜の花がピンク色できれいです。
C　お花見がしたいなあ。
C　あたたかい感じがします。
C　桜の花が散っているから，風が吹いているのかな？（中略）
T　なるほど。いろいろな感じ方がありますね。

②春を感じる言葉を集める。(マッピング)(15分)
T　今みさんが言ってくれたような春を感じる言葉を，どんどん集めましょう。(右の写真を参照)
C　あたたかいって言葉は，「ぽかぽか」とも言えるなあ。
C　桜が散る様子は，「ひらひら」しているなあ。(中略)

③集めた言葉を使って，川柳(または詩や日記)を書く。(20分)
T　今集めた言葉を使って，五七五の川柳を作ってみましょう。
C　どんな川柳を作ろうかな。(中略)

指導のポイント・留意点

- 年間を通して行う。
  年間を通して掲示することで，語彙が広がっていく。普段何気なく見ていた景色を見る視点が変わったり，感じ方が変わったりと情緒面も養われる。
- 日常的にみんなで言葉集めをし，掲示する。
  いろいろなことを吸収する低学年の時期は，友達の意見を参考にしたり真似したりすることはよいことである。そのため，「うれしい」という言葉一つでも，「うきうき」「にっこり」など，いろいろな感じ方がある。クラス全体で朝学習の時間などでテーマを示して言葉集めをすることで，表現の幅を広げることができる。

他教材での活用術

「しを読もう」(東京書籍2年上)の「いろんなおとのあめ」では，いろいろな雨音の雨の動画を見せ，そこからどう感じるか言葉集めすることで，表現の幅が広がる。さらにそこで集めた言葉の板書を撮影して教室に掲示することで，日記や作文などで日常的に使うことができる。そのようにして語彙を拡充する指導につなげていきたい。

(河原麻利子)

子どもが使う場面　学びの履歴を記録する

㉚ ロイロノートで立場を明確にする

[ツール] 教師用と子ども用のパソコン（1人1台），ロイロノート，テレビ（プロジェクター）
[教材名] 学級討論会をしよう（光村図書6年）
[領　域] 話すこと・聞くこと　[時　間] 第1時（全8時間）

概要

　この単元では，立場を明確にして話し合いを行い，よりよく話し合うことを指導する。単元開始時にロイロノートを用いて意見を視覚化させ，議論が進むにつれクラスの友達の意見が変わっていく面白さを実感させることで，話し合いに主体的に参加するようにする。また，意見，理由が変わるごとにそれぞれ保存しておき，自分がどのように意見を変えていったのかを個人で振り返ることができるようにする。

準備

　1人1台のパソコン，もしくはタブレット端末を用意する。教師用のパソコンでは子ども全員から送られてきたファイルを一斉に並べて表示できるようにしておく。パソコンを使って学習を進めるのではなく，クラス全員の立場や理由を可視化することにとどめる。

手順

① 「学級文庫に漫画を置くべきか」という議題を提示する。（5分）

T　「学級文庫に漫画を置くべきか」ということに関して，みなさんは賛成ですか？　反対ですか？

C　賛成です！　C2　ぼくは反対だな。

②ロイロノートを使って賛成，反対の意見を送信する。（5分）

T　みなさんの意見を送ってください。賛成の人は背景を白色，反対の人は背景を黒色にしましょう。

92

C　みんな意見が分かれたね。理由も聞きたいな。

T　それでは理由を書き込んでもう一度送信しましょう。背景と違う色で書いてくださいね。

③賛成派と反対派の意見を聞き合う。（10分）

T　賛成の人はどうしてそう思ったのですか。

C　面白いから。漫画が読みたいから。

T　反対派の人はどうでしょう。

C　学校は勉強する場所。漫画はシリーズが長いから揃えるのが大変。

T　違う立場の意見を聞き，意見が変わったら書き換えてもいいですよ。

［指導のポイント・留意点］

・子どもにとって身近な話題から始める。

　子どもが真剣に考えたい，結論を出したいと思うような話題を選定する。特に，うまく意見が割れるようなものだとよい。

・賛成・反対の移り変わりを記録する。

　話し合いをすることで考えが変わったり，更新されたりするという話し合いのよさに気が付かせたい。話し合いの途中で適宜一斉表示の画面をキャプチャーし，議論がどのように進んでいったかを記録する。

・賛成と反対の立場を明確に可視化させる。

　賛成と反対の立場を，色を使ってはっきりと示すことで，議論が盛り上がる。話し合いが進むにつれて，2色では立場が示せないことにも気が付かせ，中間の色を使うなどして自分の立場をクラス全体に共有させる。

［他教材での活用術］

　「町の幸福論」（東京書籍6年），「意見を出し合おう」（教育出版6年）など，意見が二極化しない教材でも，色の工夫などを取り入れることで議論が盛り上がる。

（堀田裕人）

子どもが使う場面　学びの履歴を記録する

㉛ ICTで子どもの振り返りを適切に

［ツール］ハイラブル
［教材名］グループで話し合おう（教育出版6年上）
［領　域］話すこと・聞くこと　［時　間］第3時（全8時間）

概要

　この単元はグループで意見をまとめることを指導する単元である。しかし話し合いの振り返りが主観的なものになりがちで，子どもの話し合う力の育成につながりにくい場合もある。そこでハイラブルを用いて，客観的に話し合いを振り返ることができるようにした。

準備

　このツールはたまご型のマイクを机の真ん中に置き，コンピュータとWi-Fiで接続する。またモニター用にタブレットを班の数だけ用意し，子ども自身でハイラブルの画面を見られるようにした。

手順（話し合いを終えた後）

①振り返り（1）（5分）
T　それでは話し合いを振り返ってみましょう。最初はハイラブルを使わずに振り返ります。
C　みんな同じぐらい話してたよね。
C　うん，誰も口を挟まずにきちんと聞けてたしね。

②振り返り（2）（5分）
T　それでは今度はハイラブルを使った振り返りをしてみましょう。
C　へえ，こんなふうに話し合いの結果が出るんだね。
C　え，ぼく一番しゃべっているんだ。

C　そうだね。他の子も2倍もしゃべっていたんだね。気が付かなかったよ。
C　AくんとBくんの矢印が太いから，ずっと2人でしゃべっていたことが分かるね。
C　私は，人の話に口を挟んでないつもりだったけれど，見るとたくさん口を挟んでいたんだ。全然気が付かなかった。
C　自分が思っていたのとハイラブルが教えてくれたのは全然違うんだね。もう少していねいに自分のことを振り返らないといけないかもしれないね。
C　今度は自分が長く話さないように，気を付けて話してみるよ。
C　私も口を挟まないように意識して話してみるね。

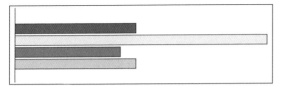

〈個人別話した時間〉

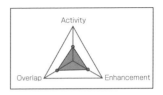

〈個人別の話した状況〉
（overlapは口を挟んだ数）

指導のポイント・留意点

　どうしても話し合いの振り返りは記録が取りにくいので，主観的なものになりがちである。そこでハイラブルを使って自分の自己評価がいかにあいまいなものであるかを自覚させることが重要である。常にハイラブルが使えるわけではないので，子どもに自己評価を正確にしようという意識をもたせることが重要である。ハイラブルでは話し合いの量的な側面しか分析できない。そのため子どもの自己評価は量的な側面に偏りがちになるが，理想的な使い方は量的な自己評価はハイラブルに任せ，質的な自己評価に子どもが集中し，補い合っていい話し合いにしていくことである。繰り返し使ってハイラブルに慣れさせ，質的な側面の自己評価に集中できるようにしていきたい。

他教材での活用術

　全ての話し合い活動で活用することができる。　　　　　　（細川太輔）

子どもが使う場面　学びの履歴を記録する

㉜ iPad の動画を活用し，よりよいスピーチに

[ツール] iPad，プロジェクター（テレビ）
[教材名]「町じまん」を一つ選んで，すいせんしよう（教育出版5年上）
[領　域] 話すこと・聞くこと　[時　間] 第9時（全10時間）

概要

　この単元では，パネルを使って自分の小学校のよさを紹介するスピーチを
行った。調べたことをパネルに表現し，就学時健康診断で来年度入学を予定
している幼児やその保護者に自分の小学校のよさを根拠をもって紹介する。

　相手意識をもち，自分の学校のよさを紹介するためにグループごとに
iPad を1台ずつ渡し，互いに紹介の様子を録画する。録画を見直し，友達
から具体的にアドバイスをもらったり，自分の紹介を客観的に確認したりす
る。また，それをプロジェクターに映し，よい紹介を全体に共有し，よりよ
い紹介を目指した。

準備

　iPad の操作は子どもが行うため，他教科や単元で iPad の操作方法（録
画・再生・早送り・巻戻し）を教え，慣れさせておく。

手順

①スピーチの練習をする。（5分）

②動画の撮影をしながら，グループでスピーチを聞き合う。（10分）

③動画を再生し，詳しくアドバイスをもらったり，自分のスピーチを客観的
　に見て，気付いたことを考えたりする。（15分）

C　自分ではできていると思っていたけれど，動画を見たら友達が言うよう
　に目線が下になっていたのが分かった。（話し手）

C　動画を見ながら具体的にアドバイスをすることができた。（聞き手）

指導のポイント・留意点

- 自分の発表を客観的に見る。
  実際動画を見ることで，自分の発表を視覚的に客観視することができた。また，新たな課題を自分で見つけ，さらに工夫を取り入れることができた。
  C　視線や強調など，思ったよりできていないことに気が付いた。

- 再生したスピーチをもとに具体的にアドバイスする。
  本単元では，相手や目的を意識して工夫して話すという技能，話し手の意図を捉えながら聞く技能の習得を目指している。友達の発表のよいところ，改善すべきところ，また感じたことなど，具体的にスピーチの中のどの部分のことなのか，動画を見ながら詳しく伝えることができた。

- よい紹介を全体に共有する。
  相手意識をもって工夫のあるスピーチ（視線・言葉遣い・強調・身振り・クイズなど）はプロジェクターに動画を映し，学級全体で共有する。よいところは自分のスピーチに取り入れ，さらによいスピーチになるよう改善することができた。また，アドバイスをもらう前と後の動画を見比べ，変化を考えることで，アドバイスの方法や伝え方も学級で考えることができた。

他教材での活用術

「『意見こうかん会』をしよう」（教育出版5年上），「ひみつを調べて発表しよう」（教育出版5年下）など発表前の練習に取り入れることができる。
また朝の会や帰りの会などのスピーチ，総合的な学習の時間の発表会，相手意識をもって発表する機会など，様々な教科や教育活動の場で活用できる。

（芳賀未来）

子どもが使う場面　学びの履歴を記録する

㉝ 学びのデジタル教科書で学びの履歴を残す

[ツール] タブレット
[教材名] 天気を予想する（光村図書5年）
[領　域] 書くこと　[時　間] 第5時（全6時間）

概　要

　説明文の定番教材である「天気を予想する」は，「問い」があって「答え」があり，その「答え」からまた「問い」が生まれる，という構造が繰り返されている。この構造を理解する上では，学習者用デジタル教科書をスクロールモード（ページをめくるのではなくスクロールさせていくモード）にして，「問い」と「答え」に印等を付けていくような活動が効果的である。

　また，「問い」と「答え」をマイ黒板に抜き出して図式化する活動が子どもの理解を大きく助けることになるとともに，そうした学習の履歴をマイ黒板のタブに保存しておくことで，子どもは既習事項を確認しながら学習を進めることができる。

準　備

　タブレットPCに学習者用デジタル教科書をインストールしておく。

　本単元を迎える前に，マイ黒板の機能を説明するとともに，十分に操作をさせて慣れさせておく。

手　順

①第4〜6段落を読む（学習者用デジタル教科書の読み上げ機能を利用してもよい）。（10分）

②第4段落の問いと答えを確認する（既習事項をマイ黒板で確認する）。（5分）

③突発的，局地的な天気の変化の根拠として挙げられている事実を読み取る（グラフ，写真等を拡大して表示する）。（15分）

④本時のめあてである「数値を用いて説明することのよさを考えよう」を提示する。(5分)
⑤数値を用いて説明することのよさについて考える。また，数値を用いないこともあるのはなぜかを考える。(10分)
T　まず文中に出てくる数値に色を付けてみよう。
T　前半と後半で何か違いがないかな？
C　前半は色を付けたところが多いけれど，後半は色を付けたところが少ないです。
C　後半は数値を使って説明していません。
T　数値を使うときと使わないときで，どんな違いがあるだろう？　マイ黒板にまとめてみよう。

指導のポイント・留意点

　手順②の第4段落の「問い」と「答え」を確認する場面で，子どもは「学習履歴を蓄積しておくことのよさ」を実感することになる。このとき，何人かのマイ黒板を電子黒板等に表示しながら，「どういったまとめ方だと振り返りやすいか」を確認しておくと，本時のマイ黒板によるまとめがスムーズに進む。ただ本文を抜き書きしてくれるだけではなく，どのようなスタンプ（「問い」「答え」等）を使うか，矢印等を使う必要はあるか，豊富な図表からどれを貼り付けるか等を共有できるとよい。

他教材での活用術

　マイ黒板の機能は「読むこと」の教材にはどれにも入れられているが，特に「想像力のスイッチを入れよう」（光村図書5年）では，同じ手法によって学習履歴を溜めていく活動を取り入れやすい。

（鈴木秀樹）

| 教師が使う場面 | 理解を促進する |

�34 電子黒板で子どもの思考を引き出す

[ツール] 電子黒板（プロジェクター・テレビ）
[教材名] くじらぐも（光村図書1年下）
[領　域] 読むこと　[時　間] 第1時（全8時間）

概要

　この単元では，くじらぐもの世界を想像することをねらう。しかし1年生の子どもはくじらぐもの上から見た景色を想像することは難しい。そこで電子黒板を通して空から見た景色を見せ，子どもが想像できるようにする。

準備

　インターネットにつながったパソコンやタブレットをプロジェクターやテレビにつなげておく。

手順

①くじらぐもから見えるものを想像させる。（15分）

T　くじらぐもに乗っているときどんなものが見えるか想像してみましょう。

C　ぼくは魚が見えると思います。なぜかというと海の方へ行くからです。

C　私は虫が見えると思います。なぜかというと村の方へ行くからです。

②地図アプリを見せる。（10分）

T　それではちょっと想像が難しいみたいなので，前の画面を見てください。

（画面に地図アプリの航空写真を出す。学校の写真がよい）

C　学校が見えたね。

C　どれぐらい高いのかなあ。

T　それではちょっと上の方に行ってみましょう。

（画面の地図アプリの縮尺を変え，広範囲が見えるようにする）

C　うわあ，学校小さくなっちゃった。

100

T　海の方へ，村の方へと行けるくらいだからこのぐらいの高さかな。それでは海の方へ行ってみましょう。

C　これでは魚は見えないね。

③もう一度想像させる。（20分）

T　それではもう一度，何が見えるか想像してみましょう。

C　波が見えると思います。なぜかというと海の方へ行くからです。

C　きれいな山が見えると思います。なぜかというと山の方へ行くからです。

指導のポイント・留意点

• 想像するにはヒントが必要。

　子どもに「想像しましょう」と言っても経験が不足しているので明らかな誤読につながる想像をしてしまう場合がある。例えばくじらぐもに乗って下を見ても魚や虫は見えない。子どもは文章と経験を結び付けて想像しているので経験が少ない場合は教師が支援してあげる必要があると考える。物語の世界にどれだけリアルを取り入れるかどうかは判断が難しいが，物語の世界を壊すような事実（雲に人は乗れないなど）以外は積極的に取り入れるべきであると考える。

• 子どもの目の前で写真を動かす。

　くじらぐもに乗って移動するように航空写真を動かしてあげたり，高度を上げているように縮尺を変えたりすることで子どもはくじらぐもに乗っているようになれるであろう。カラーで印刷すると費用がかかるし，印刷した紙では拡大や移動はできない。

他教材での活用術

　物語文や説明文全ての読む教材で活用可能である。どこまで見せてどこから考えさせるかは教師が子どもの実態に応じて考える必要があるが，子どもが内容を理解する際に経験が足りない低学年は特にヒントを出してあげる必要があると考える。

（細川太輔）

教師が使う場面　理解を促進する

㉟ 実物投影機で成果物のイメージをもたせる

［ツール］実物投影機，プロジェクター（大型テレビ）
［教材名］「クラブ活動リーフレット」を作ろう（光村図書4年下）
［領　域］書くこと　［時　間］第5時（全8時間）

概 要

　この単元では，説明の仕方を工夫して，読み手に分かりやすく伝える文章を書くことを指導する。リーフレットを作る際に，クラスの子どもが作った成果物を実物投影機で映し出すことで，成果物のイメージをもたせる。

準 備

　教師が自作のリーフレットを作っておく。単元の導入時に子どもたちに示すことで，単元学習のゴールをイメージさせる。この成果物は単元のねらいに即したもので，評価規準Ａ・Ｂ・ＣのうちＢ評価になるものを作成する。リーフレットの文章部分をコピーして，一人一人に配っておくとよい。手元にお手本があることで，子どもは安心して活動に取り組むことができる。

手 順

①教師の成果物を見せる。（5分）

Ｔ　これまで勉強してきたことを生かして，クラブ活動リーフレットを作ります。

Ｃ　はじめに見せてもらったリーフレットだ。

Ｃ　ぼくのクラブの写真も撮ってきたよ。

Ｃ　早く書きたいな。

②子どもが作った成果物を見せる。（5分）

Ｔ　クラスのある友達のリーフレットを見せますね。

Ｃ　Ａさんのリーフレットだ。写真の説明が分かりやすいなあ。

C　私は同じクラブだけど，「楽しさ」の説明の仕方が違うんだ。

C　ぼくは違うクラブだけど，Aさんの文章を少し真似してみようかな。

指導のポイント・留意点

- 現在進行形の成果物を見せる。

　成果物を作る活動の中で，作成途中の成果物を実物投影機で提示するとよい。完成してからよい手本を見せても，子どもは自分自身の成果物を修正したり，よさを取り入れたりすることができないからである。

　また，中学年の子どもにとっては「自分の作ったものが紹介される」ことは，意欲の促進につながる。友達のものが提示されると，「自分も紹介されるように工夫しよう」と思う子もいる。

- 成果物は何度も見せる。

　成果物を作っている間，成果物は何度も見せる。そのことによって子どもはいつでも完成イメージを見ることができるし，取り上げられた成果物の例示は多ければ多いほど子どもにとって選択肢が広がり，より柔軟な発想を引き出すことにつながる。

- デジカメやタブレットで撮影した成果物を提示するのもよい。

　実物投影機で映し出している間，その子自身は作業が止まってしまう。したがって，デジカメ等で撮影しておくと，ずっと提示しておくことができるのでなおよい。前年度までに指導した子どもの成果物が手元にあるなら，それを示すのも手である。

他教材での活用術

　「動いて，考えて，また動く」（光村図書4年上），「気になる記号」（光村図書3年上）などの教材で，子どもが作成した成果物を提示することができる。同様の手立ては他教科でも十分応用可能である。ただ高学年になると，自分のものが提示されることを嫌う子がいる可能性もあるため，十分留意することが必要である。

（山戸　駿）

教師が使う場面	理解を促進する

㊱ デジタル教科書で音読のポイントを共有する

[ツール] パソコン，デジタル教科書，プロジェクター（テレビ）
[教材名] お手紙（光村図書2年下）
[領　域] 読むこと　[時　間] 第7時（全12時間）

概 要

　この単元では，物語を音読することを通して，登場人物の行動を中心に想像を広げて読むことを指導する。1年生にペープサート劇を見せることを目標とし，どのように音読したらいいか，なぜそう読むのべきだと思うのかをクラスで考えさせる。

準 備

　プロジェクター（テレビ）で教室前方に本文を提示する。場面ごと，または意見が分かれやすい場面のみを事前に切り取って保存しておき，順番に提示できるようにする。事前に子どもにも台本として書き込みができるよう教科書本文を持たせておく。

手 順

①代表のグループがペープサート劇を披露する。（10分）

T　今のグループがどんなふうに音読していたのかみんなで考えましょう。

C　ナレーター役の人がかえるくんのやったことを急いで話していた。かえるくん役の人が急いでいるように話していた。

T　（教科書本文に線を引いたり書き込んだりする）

②次のグループがペープサート劇を披露する。（10分）

T　さっきのグループと比べてどうだったかな。

C　人形の動きがとても大きかったよ。がまくん役の人が悲しそうに読んでいた。

T （教科書本文に線を引いたり書き込んだりする）

③2つの書き込みを並べて提示し，比較する。（5分）

T どちらのグループもよく考えて劇をやっていたね。比べてみてどうだっ
たかな。

C ぼくたちも最初の班の劇を参考にしよう。もっと細かい注意点を台本に
書き込んだ方がいいな。

指導のポイント・留意点

・違った読み方や，こだわりをもっているグループを抽出する。
同じ場面でもグループによって読み方が違ったり，人形の動かし方が違っ
たりすることに気が付かせ，物語を読むことの面白さを味わわせたい。

・なるべく少ない本文を提示し，比較する。
少ない文量でも，それぞれのグループの意図が見えれば十分な比較対象に
なる。文量が多くなればなるほど，視覚的な情報が多くなるため，低学年
では違いが見つけづらい。グループごとに色を変えるなどして，台本のど
こが違うのかを一目で見やすくする。

・全体に見本を提示する。
グループでの活動になり，台本への書き込みなど指導が十分に行き渡らな
い。教師が全体に本文とその書き込み方を実演して見せることで，どのよ
うに工夫すればよりよい台本になるのかを見本として示すこともできる。

他教材での活用術

「きつねのおきゃくさま」（教育出版2年上），「きつつきの商売」（光村図
書3年上）など，音読の違いを感じさせたいときには有効である。また，録
音・録画を同時に行うことで，より効果的な指導につながる。

（堀田裕人）

教師が使う場面　理解を促進する

㊲ デジタル教科書で子どもの理解を促進する

［ツール］デジタル教科書，電子黒板（テレビ）
［教材名］伊能忠敬（教育出版6年下）
［領　域］書くこと　［時　間］第2時（全11時間）

概　要

　この単元では，伝記や資料などを引用して興味のある人物を紹介すること
を指導する。デジタル教科書を参考に，教科書にサイドラインを引いたり年
表を作成したりして行動等を整理する。資料整理や活用の大切さを実感させ，
興味のある人物を紹介する際に生かせるようにする。

準　備

　デジタル教科書を教室のパソコンにインストールし，デスクトップに保存
する。パソコンとテレビをケーブルでつなぎ，テレビで使用できるようにし
ておくと，これ以降の準備は特に必要ない。

手　順

①デジタル教科書を使って教科書の本文を朗読する。（5分）

T　伊能忠敬の行動やそのときの年齢が分かる文章にサイドラインを引きま
　しょう。（デジタル教科書の「授業支援」から「朗読」を選び，クリックする）
〜朗読〜（教師は机間指導や個別指導・支援をする）（中略）

②教科書を引用し，「ここがすごいよ伊能忠敬ベスト3」を作成する。（20分）

T　年表に整理して，伊能忠敬について何か感じたことはありますか？

C　忠敬が17歳のとき，伊能家の婿養子になれたことがすごいと思います。

C　どうして？

C　教科書に「伊能家は大地主で，ほかに酒造り，米の売買，舟運業，金融
　業なども営んでいた。」と書いてあって，わずか17歳で一流企業の社長み

106

たいな人に認められて婿養子になることができたと思ったからだよ。
C　なるほど！　ここもすごいと思ったよ！（中略）
T　今みたいに教科書を引用して説明すると，分かりやすいね。（デジタル教科書「ツール」から「マーカー」を選び，違う色で引用部分に線を引く）
C　教科書に色分けすると，自分の考えをまとめやすいよ！
T　では，テレビや教科書を参考にして，自分の「ここがすごいよ伊能忠敬ベスト３」を年表をもとに考えて作ってみましょう。（中略）

指導のポイント・留意点

• 朗読しているときは，机間指導をする。
デジタル教科書で朗読する場合は，子どもの活動の様子を観察できたり助言などの個別支援ができたりする。子ども一人一人の確実な理解につなげていく。

• デジタル教科書を子どもが見られる状態にしておく。
デジタル教科書は子どもが持っている教科書と全く同じものであるため，全体指導を行う上で効果的である。さらに，何度でも訂正が可能であり，カラーで書き込みも可能なため，子どもが視覚的な理解を得やすい。個別支援が必要な子どもを教室前方の座席にしておくと，さらに効果的である。また，編集内容をパソコンに保存することで，次の授業でも前回の状態からデジタル教科書を開くことができる。編集したページを印刷することも可能なため，教室掲示などに生かすと，より一層子どもの理解につながる。

他教材での活用術

「川とノリオ」（教育出版６年）などの物語文での朗読や，登場人物の行動・思いを整理したり，比喩などの優れた表現を見つけたりする際にも活用することができる。

（向井　簾）

教師が使う場面　理解を促進する

㊳ パワーポイントを活用して楽しく読む

［ツール］パソコン，プロジェクター（テレビ）
［教材名］ごんぎつね（光村図書4年下）
［領　域］読むこと　［時　間］第3時（全14時間）

概要

　この単元では，様々な表現を的確に読み取り，登場人物の心理や情景を考えていく学びが中心になるが，聴覚障害をもつ子どもたちの中には日本語力が十分ではない場合も多い。日本語表現をビジュアルにしていくことにより，豊かな読解活動に結び付ける。

準備

　視覚支援が必要な表現について，別スライドで写真やイラストなどで説明したスライドを作成する。1表現につき1スライドとする。該当表現とそのスライドをハイパーリンクで結ぶ。本文に戻るボタンも付ける。

手順

イラストから想像させる。
T　ごんぎつねは，今ではあまり使われない表現もあって，難しいね。
C　お話の流れは分かるけどね。
T　このお話は何でもない表現にいろいろな気持ちが込められているのだけど，そこがなかなか見えないんです。

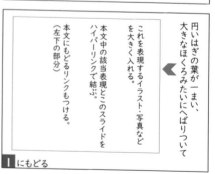

（出典　青空文庫）

C　それは目に見えないから難しいよ。
T　文だけでは分からないからイラストなどを手がかりにすることになるね。大事な部分はイラストで説明してあります。すぐには見ないで想像力を働かせて考えてみましょう。
※子どもたちに文章表現が意味するところや情景などを考えさせた後，ハイパーリンクで結び付けたものを見せて，比べさせる。
C　ぼくが考えたのとはちょっと違ったよ。
T　違うって気付くことはいいね。どう違ったの？

指導のポイント・留意点

- なぜハイパーリンクを使うか？
  パワーポイントでイラストなどを提示する方法はいくつかあるが，本文中に入れるべきではない。本文は本文として大事に扱いたい。そのために，別スライドで提示できるハイパーリンク機能を活用する。
- 言語化できたかどうかを劇活動によって確認する。
  文をどの程度まで読み込めたかは，劇をさせてみるとよく分かる。読み込めている場合は表情やジェスチャーなどを工夫した表現活動ができることが多い。その中で新たな気付きも出てくる。楽しく主体的に取り組むこともできる。劇はビデオ撮影し，しめくくりとして全校生徒を対象に視聴会を行うことにより，今後の学習意欲を高めていく。

他教材での活用術

「読むこと」を主目的とした単元をはじめ，様々な言語活動の場面で活用することができる。

（稲葉通太）

| 教師が使う場面 | 理解を促進する |

㊴ 子どもの文章の理解を促進するパワーポイント

［ツール］パソコン，テレビ（プロジェクター及びスクリーン）
［教材名］私（教育出版『中学国語3』）
［領　域］読むこと　［時　間］第1・2時（全5時間）

概要

　この単元では，『私』を読んで理解した上で「私」とは何かについて考える。パワーポイントを使う場面は，①単元の流れや本時の展開の説明，②既習事項の確認，③グループ活動の隊形の表示，④写真やイラストといった資料の提示，⑤登場人物やあらすじの確認がある。それらについて示すことで，生徒の理解を促すようにする。今回はその中でも，登場人物の確認の場面を具体的に示す。

準備

　事前に，パワーポイントを用いてスライド作成を行う。パワーポイント再生のため，パソコンをテレビ（プロジェクター）とケーブルでつなぐ。

手順

登場人物の確認をする。（3分）

T　『私』には，どんな登場人物が出てきましたか？
S1　「私」「女性」です。
S2　「図書館司書」「山中」です。
T　それぞれの人物像を捉えましょう。まず中心人物の「私」についてです。（画面1）
T　「私」の職業は何でしょう？
S　公務員です。市役所に務めている。
T　その通りですね。（文字「公務員」が画面の下方

からスライドインする。画面2）

T　では，次です。「私」は，あることで表彰されていましたが，それは何
　でしょうか？

S　市民対応が模範的だということです。

T　よく分かりましたね。（「模範とされ…いる。」がスライドイン。画面3）

指導のポイント・留意点

- 生徒たちの反応を予想して，アニメーションが再生されるようにする。
　最初から全部入力してしまうと教師の一方的な説明になってしまうので，ク
　イズ形式なるようアニメーションを入れ，生徒が答えるタイミングで正解が
　再生されるようにする。教師がタイミングを合わせてマウスで操作する。

- イラストや写真を用いて生徒たちの興味を引き出し理解に結び付ける。
　文字だけではなかなか生徒の興味を引きつけるのが困難である。そのため
　人物の確認をするときに，その姿が浮かぶようなイラストや写真を用意
　し，パワーポイントで示すことで，生徒たちの意欲を高めた。

- パワーポイントで示した画面のうちポイントの画面を資料として配布する。
　パワーポイントで映し出された画面は，その場限りで消えてしまう。そこ
　で，必要な情報（「画面1」や「画面3」など）は，資料として生徒たち
　の手元に残るように，コピーしたものを授業後に配布した。そのことで生
　徒がメモを気にすることなく，聞くことに集中できるだけでなく，後で見
　返して復習ができるようにする。

他教材での活用術

　「少年の日の思い出」（教育出版『中学国語1』）等の文学的文章で，登場
人物の理解が必要な授業において活用することができる。また，パワーポイ
ントの活用法として，『おくのほそ道』（教育出版『中学国語3』）の「立石
寺」で，蟬の種類を考える際に，蟬の鳴き声の聞こえる映像を見せる方法も
ある。　　　　　　　　　　　　　　　　　　　　　　　　　　（江原瑞貴）

教師が使う場面　理解を促進する

⑩ 動画を用いて生徒の考えを深める

［ツール］パワーポイント（動画埋め込み），プロジェクター（テレビ）
［教材名］言葉3　方言と共通語（光村図書『国語2』）
［領　域］伝統的な言語文化と国語の特質に関する事項　［時　間］第1時（全2時間）

概　要

　この単元では共通語と方言のそれぞれの特徴や長所を考え，時や場合など
に応じて使い分ける意義を理解できるよう指導する。方言に馴染みのない生
徒もいるため，実際に方言を使用して会話する動画を見せることで，方言を
用いた会話にはどんな特徴があるのか，聴覚だけでなく視覚からも考えられ
るようにする。

準　備

　方言の特徴は多岐にわたる。そのため，パワーポイントで特徴ごとにスラ
イドを作成することで資料を開く手間を割愛し，生徒の思考の時間を確保す
る。はじめのスライドは方言地図など視覚に訴えられるものを入れると生徒
の視線を前に集めやすい。

　方言の広まる速度，方言が地形・気候や風土・時代など様々な関係の中で
生まれたものであることなど，方言についての説明をクイズ形式で行うと，
生徒の集中が続く。（次ページの図1）

　今回の肝である動画は，スライドショー中に再生ができるように，パワー
ポイントの「挿入」タブをクリックし，使用したい動画を埋め込んでおくと
よい。使用する動画は，生徒が興味のあるものや，論理的な思考を促せるも
のだと考えが深まる。作ったパワーポイントを見せる際はネット環境になく
ても開けるよう，データをデスクトップに保存し，PCをプロジェクターに
つないでおくとスムーズに授業が始められる。

112

【手順】

①アイスブレイクのため，班対抗で方言クイズをする。（5分）
②方言の概要を説明し，実際に方言を使用している動画を見せる。（12分）
③方言について個人で意見を出し，班で話し合い，発表させたのち，再び個人で本時を振り返る。（33分）

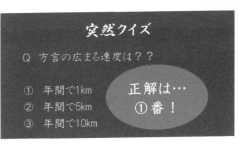

〈図1　クイズの例〉

【指導のポイント・留意点】

- 生徒に馴染みのないものへの理解は聴覚にも視覚にも訴える。
  方言には表記の違いがあるものも多いので，教科書やワークシートでも学びは得られるが，イントネーションの違いは音声を聞く方が分かりやすい。さらに方言を用いて会話している人物たちの動画からは，音声だけでは分かりにくい機微を受け取ることも可能である。馴染みのない方言であっても，方言使用者たちがどんな表情で，どれだけ親密な雰囲気で会話しているのか見ることで，方言についての実感が深まっていく。

- 論理的な思考ができるものをスライドに用意する。
  雪の多い地方は「ゆきやけ」というなどの論理的な推論ができる題材を使用すると興味をもつ。（図2）

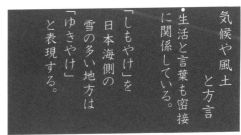

〈図2　「しもやけ」と「ゆきやけ」〉

【他教材での活用術】

「幻の魚は生きていた」（光村図書『国語1』），「平家物語」の平曲（光村図書『国語2』）などの教材の理解を深めるときなど，動画を見せることが効果的な教材で使うことができる。

（道勇公美）

___

教師が使う場面　問題発見を促進する

㊶ タブレットを使い，よりよい話し方に気付くことができる

[ツール] タブレット，大型テレビ
[教材名] ともこさんは どこかな（光村図書2年上）
[領　域] 話すこと・聞くこと　[時　間] 第3時（全5時間）

概要

　この単元では，相手の話を聞くときのポイント，よりよい話し方について指導する。タブレットを使い，音声を聞き比べることでよりよい話し方に気付き，自分でアナウンスをするときに生かすことができるようにする。

準備

　アナウンスとしてよりよい話し方，そうではない話し方の2種類の音声を，事前にパワーポイントのオーディオの挿入から録音しておく。1つ目の画面には，声の大きさやはっきり話していることが分かる音声。2つ目の画面には，ゆっくり話すことや間を空けていることが分かる音声。分かりやすく表現を変えて録音しておくことがポイントである。

手順

①タブレットを使いながら音声を聞き比べる。
　（10分）
T　青と赤のボタンをタッチすると迷子のアナウンスが流れます。どちらのアナウンスが分かりやすいか聞き比べてみましょう。
C　赤の方がいい！
T　どうしてそう思いましたか？
C　声が大きいからです。
C　はっきり話しているからです。

T　よいアナウンスのポイントは何だと思いますか？

C　大きな声ではっきり話すことです。（中略）

②アナウンスの練習をする。（5分）

T　ワークシートにはアナウンスの台本が書いてあります。ポイントに気を付けながら，よいアナウンスの方法を練習してみましょう。練習したらペアの人に聞いてもらいましょう。

C　（声の大きさに気を付けながらペアで練習する）

　2回目は，ゆっくり話している部分，間が空いていることが分かる音声を聞き，①②を繰り返す。

指導のポイント・留意点

• 分かりやすく変えてアナウンスの音声を録音する。

　大げさに音声を変えて録音することで，よりよい話し方のポイントに気付くことができる。

• 繰り返し聞くことで学びを深めることができる。

　タブレットの画面にそれぞれ2種類の音声を並べておくことで，1回目のタッチで再生，2回目のタッチで一時停止をする。一時停止しながら同じ部分を聞き比べることができ，よりよい話し方に気付くことができる。

• ペア→全体→ペア練習を行い，理解を深め身に付ける。

　タブレットを聞いて，アナウンスの違いで気が付いたことをペアで話し合う。ペアで気付いたことを，全体で共有する。全体で共有することで新たな発見もある。よりよい話し方について学び，共有を行った後は，ペアに戻り全体での学びを生かして練習し，よりよい話し方を身に付けていく。

他教材での活用術

　「これは，なんでしょう」（光村図書1年下），「大すきなもの，教えたい」（光村図書2年上）などの教材の発表前に，「発表するとき」に気を付けることを全体で確認することができる。

（石井裕子）

教師が使う場面　問題発見を促進する

㊷ 拡大画像で子どもの学ぶ意欲を促進する

［ツール］カメラ，プロジェクター（テレビ）
［教材名］聞き取りメモの工夫（光村図書4年下）
［領　域］話すこと・聞くこと　［時　間］第2時（全6時間）

概要

　この単元では，話を聞きながらメモを取ることを指導する。教師の作成した聞き取りメモをプロジェクターに投影し，全体で共有することで，主体的な活動につながるようにする。

準備

　教科書付属の音声を聞いた後に教師の作成したメモ（パワーポイント）をプロジェクターなどで全体に提示する。このとき，子どもが分かりにくいと思うメモを提示することで，より子どもたちは自分ならどんなメモを取るだろうかと主体的に考えるようになる。

> 聞き取りメモ①
>
> ・放送委員会の話で，仕事は放送をすることで曜日ごとに当番を決めて，放送することとマイクを用意することで楽しみはじぶんたちで考えられることで，音楽やクイズやお話をしたりで，みなさんも5年生になったら入ってください。

手順

①教師の見本を見て課題を共有する。（第2時）

　※聞き取りメモは分かりやすい方がよいということは共有済み。

T　今，スピーチを聞いてもらいました。先生も聞き取りメモを書いてみたので，見てください。

T　このメモはどうですか？

C　分かりにくいです。

T　分かりやすくするために，みんなならどうしますか？

C　短く箇条書きにします。

C　大切な言葉だけを書きます。
C　（⇒）などの記号を使ってみます。
T　では，みんなが言った分かりやすくなる工夫を意識してメモしてみましょう。

②話し方の見本を聞いて，自分の話し方に生かす。（第3時）

T　前回メモの取り方を確認しましたね。
T　メモを取ることも大切ですが，話し方も大切です。今から流す映像を見て，いいところをノートにメモしていきましょう。
T　近くの友達と共有してください。
T　今回学んだことを生かしていきましょう。

指導のポイント・留意点

- 見本（聞き取りメモ）を全体で共有する。
  一言にメモとはいっても，目的によってメモの取り方は異なってくる。その中でも話を聞きながらメモを取るということは難しく感じるだろう。実際に教師が分かりにくいメモを提示することで，子どもからは分かりやすいメモの取り方を学ぼうという必然性や主体性が出てくる。

- 子どもにいろいろな考え方を学ばせる。
  分かりやすいメモの工夫には人それぞれ違いがあることに気付かせる。友達の工夫が自分にとってはよい場合もあれば，自分の工夫が友達にとってよい場合もある。友達との交流を通して，友達の考えも学ばせたい。

他教材での活用術

「つたえよう，楽しい学校生活」（光村図書3年上），「明日をつくるわたしたち」（光村図書5年）などの話し方の話型を提示した方が効果的な学習の際に有効である。

（村上貴一）

教師が使う場面　問題発見を促進する

㊸ パワーポイント・動画で子どもの問題発見を促進する

［ツール］パソコン，プロジェクター（テレビ）
［教材名］町の幸福論（東京書籍6年）
［領　域］読むこと　［時　間］第1時（全11時間）

概 要

　この単元では，自分の考えを明確にしながら読むことを指導する。単元開始時の導入で教師がパワーポイントを活用したプレゼンを行い，子どもたちに学習の見通しをもたせることで，主体的な活動につながるようにする。

準 備

　パワーポイント・動画を用いてプレゼンをするため，学校や地域の課題など，子どもたちの身の回りの課題を整理しておく。あいさつや廊下歩行など，全校的な課題の実態を動画で撮影しておき，パワーポイントで解決のための提案について，スライドを作成する。パワーポイントを保存したパソコンをテレビやプロジェクターとケーブルでつなぐ。解決したい課題について，学級会の議題として募っておいたり，毎日の帰りの会で振り返ったりし，子どもたちが身の回りの課題を意識できるようにするのがポイント。

手 順

①動画を見せ，パワーポイントを使ってプレゼンをする。（10分）

T　学校，地域の課題について，議題が集まっていますが，今日は先生も課題とその解決策を考えてみました。見て，聞いてもらおうと思います。
　（普段のあいさつの実態について撮影した動画を見せる）

C　毎日6年生が校門前でするあいさつに，元気に返す人が少ないね。

C　あいさつに元気がないことは，学校の課題だね。

C　特に高学年は，自分からあいさつをする人が少ないよね。

118

T　そこで，どうすれば元気よくあいさつができるか，考えたことをみなさ
　んに提案します。（パワーポイントを見せながらプレゼンをする）（中略）

C　確かに，6年生が中心になってキャンペーンをするのはいいね。

T　先生が考えたこと以外にも，みんなのアイデアを集めれば，学校や地域
　の課題について，できることがありそうですね。（中略）

②子どもと言語活動の計画を立てる。（10分）

C　ぼくたちは，学校や地域の課題に対して，何ができるかな。

C　パワーポイントを使って，集会で全校に発表できないかな。

C　してみたい！

指導のポイント・留意点

- 学校の実態に即した課題の動画を撮る。
  動画は何でもよいわけではない。子どもが課
  題意識をもてるものの方が，意欲が高まる。

- 解決策をパワーポイントでまとめる。
  子どもたちは学校の課題について考え，自分たちにできることを話し合っ
  ているが，パワーポイントを使って全校にプレゼンすることで，より広
  く呼びかけられることになる。教師がパワーポイントを使って簡潔に解決
  策を示すことが，「低学年にも伝わる」と子どもの意欲を引き出し，パワ
  ーポイントを用いる必然性を子どもに実感させることになる。全校集会な
  どで，発表の場を設けたい。

他教材での活用術

　「プロフェッショナルたち」（東京書籍6年），「和の文化を受けつぐ」（東
京書籍5年）などの教材で，自分の紹介するプロフェッショナルや和の文化
などの言語活動の見本を教師が示す際に活用できる。文章を読んで考えたこ
とを伝えるのに効果的な教材で使うことができる。

（橋浦龍彦）

| 教師が使う場面 | 意欲を高める |

㊹ 導入で教師のインタビュー画像を見せ,学ぶことへ興味をもたせる

［ツール］ビデオカメラ,テレビ
［教材名］スイミー（光村図書2年上）
［領　域］読むこと　［時　間］第1時（全10時間）

[概要]

　この単元では,楽しみながら物語を想像して読み,自分の思いを伝えることを目標としている。単元開始時の導入で,教師たちに物語の面白いところや好きなところをインタビューした動画を見せる。しかし,肝心な面白いところや好きなところを答える直前で動画は終わる。「みんなが面白いと思うヒミツを探る」ことに興味をもたせ,子どもたち自身が物語の面白さを見つけるという主体的な活動につながるようにする。

[準備]

　4人の先生にインタビューに協力してもらった。校内のいろいろな場所で,スイミーの本を持った教師がインタビューする。ビデオカメラでその様子を撮影する。その先が見たいと思わせるところで切ることがポイント。

[手順]

①インタビュー動画を見せる。（5分）

T1　スイミーのお話を知っている先生方に物語のどこが好きかインタビューしてきたよ。みんなで見てみましょう。

（インタビュー動画スタート）

T1　こんにちは。○○先生,このお話知っていますか。
T2　知ってる知ってる。面白いよね。すごく懐かしい。自分も小さい頃読

んでもらって大好きだったし，自分の子どもも大好きだったな。初めて2年生の担任をしたときの子たちもものすごく大好きだったよ。今でも読みたくなるな。

T1　どんなところが面白いですか？

T2　これこれ，ここだよここ！（絵本を開きながら）

T1　そこが好きなのですか。

T2　うん，ここがすごい好き。どうしてかというと…。

（4人のインタビュー動画終わり）

②子どもと学習課題を作る。（10分）

C　先生たち，スイミーのお話のどこが好きなんだろう。知りたい。

C　自分たちもスイミーの面白いところを探したい！

T　そうですね。では，スイミーのお話をみんなが「面白い！」と思うヒミツを見つけながら読んでいきましょう。

C　はーい！

[指導のポイント・留意点]

・考えたくなるような課題設定を工夫する。

インタビュー動画を見て「みんなが面白いと思うスイミーのヒミツをさぐろう」という学習課題に意欲的に取り組めるようにする。

・物語の面白いところや好きなところの先生方のインタビューを撮る。

子どもたちの元担任の先生や校長先生のインタビュー画像を見せることで，身近にいた先生も好きなのだと興味が湧く。

・単元の終わりには，自分の思いを伝える。

インタビュー動画を受けて，学習課題に取り組んでいくことで人物の行動と会話を整理しながら，自分の意見をもつようになる。自分は，ここが面白いと感じるので紹介したいという気持ちが湧き，意欲的に自分の思いを伝えることにつながる。物語の面白さを見つけて，自分の思いを伝える楽しさも味わわせたい。

（本部聖子）

教師が使う場面　意欲を高める

㊺ 動画を活用して子どもの学ぶ意欲を促進する

［ツール］ビデオカメラ，テレビ
［教材名］動いて，考えて，また動く（光村図書４年上）
［領　域］読むこと　［時　間］第１時（全８時間）

概要

　この単元では，本文の走り方のコツを参考に，「コツ・ひけつを伝えよう」のゴールの目標を設定した。そこで，子どもが「やってみたい！」と思えるように，教師が作ったコツの映像を作成し導入で見せた。映像を見たことで，第三次への見通しをもつことができた。そして，伝え方のコツや発表をよりよく行うために，早く教材文を読みたいという子どもの姿が見られた。

準備

　第三次で行うことが分かるように，教師のコツを伝える動画を作成した。ただ一方的に伝えるのではなく，「きっかけ，工夫，学んだこと」などインタビュー形式を取り入れて伝えるポイントを絞った。単元の導入時に，学習のゴールに「ぼく，わたしのコツ・ひけつ」を発表することを伝え，教師が作成した映像をテレビで映した。誰のコツか伝えずに見せることで，子どもたちの驚きが表れ，自分たちも作るという意欲につながった。

手順

①単元の目標を確認する。（15分）

T　この学習では，「ぼく，わたしのコツ・ひけつ」をみんなに伝える学習をします。まずは，ある人物のコツを見てみましょう。（動画１を見せる）

C　先生だ！（動画１を鑑賞中，写真１）

〈動画１〉

C　すごい。
T　先生のコツを見てもらいました。みんなにも自分の特技や習い事などで，コツを伝えてもらいたいと思います。
C　作ってみたい。やってみたい。
②本文を読む学習計画を立てる。(10分)
T　そのために，まずは走り方のコツを上手に伝えている文章を読んでみましょう。そしてコツの伝え方を学習していきましょう。
C　読んでみたい。
T　走り方のコツや筆者の工夫をもっと詳しく読んでいこうね。
(学習計画を立てる)

〈写真1〉

指導のポイント・留意点

- 教師の特技を紹介する。
  コツを伝える人物は誰でもいいわけではない。子どもたちの身近に生活を共にしている教師の動画だからこそ意欲が湧く。
- 伝え方をインタビュー形式にする。
  ただコツを伝えるのではなく，インタビュー形式にして焦点を絞って伝える。このようにすることで，本文を読むときには，「きっかけ，工夫，学んだこと」などを意識して読むことができる。また自分のコツを伝えるときにも考えやすくなった。
- 子どもたちの動画も作りみんなで鑑賞する。
  この学習を通して，自分や友達の特技を知ることもでき，自己肯定感や友達のよさを見つけることができた。

他教材での活用術

　導入時に今回は動画を使用したが，ゴールを明確化させることで，教材文での読み方が，効果的になる。

(小林美聡)

| 教師が使う場面 | 意欲を高める |

㊻ 拡大画像で子どもの学ぶ意欲を促進する

[ツール] カメラ，プロジェクター（テレビ）
[教材名]「不思議図かん」を作ろう（教育出版4年下）
[領　域] 書くこと　[時　間] 第1時（全8時間）

概要

　この単元では，図を用いて書くことを指導する。単元開始時の導入で拡大図クイズを行い，子どもたちに図を用いて表現することのよさ，面白さを実感させ，主体的な活動につながるようにする。

準備

　拡大図と全体図の両方の写真をもとにクイズをするため，子どもの身の回りにあるもので，拡大図を撮ると面白いものを探し，デジタルカメラで8種類ほどの画像を撮り，その中から4，5つほどを使う。画像を保存したデジタルカメラをテレビやプロジェクターとケーブルでつなぐ。最初は画面が子どもに見えないようにしてサプライズ感を出すのがポイント。

手順

①拡大画像を使ってクイズをする。（15分）
T　昨日面白いものを見つけたので，写真に撮りました。みんなに見てもらいたいと思います。
　（写真1を見せる）

〈写真1〉

C　これ，何ですか？　分からないなあ。
T　ではクイズをしましょう。何だか分かる人？
C　音を出すスピーカー。
C　水を流す排水口。（中略）

〈写真2〉

T それでは正解を見てみましょう。全体図はこちらです。（写真2を見せる）

C 下駄箱だ！

T そうです。下駄箱です。穴が空いているのですね。穴が空いていないと
空気が閉じ込められて扉が開かなくなってしまうのです。（中略）

②子どもと言語活動の計画を立てる。（10分）

C 先生，ぼくたちも拡大図の写真を撮りたいです！

T では，拡大図，全体図を使ってみんなで図鑑を作りましょう。

C やったー！

指導のポイント・留意点

- 身の回りにあるものの拡大図を撮る。
  拡大図を撮る対象は何でもいいわけではない。子どもの身近なものの方が
  意欲が湧く。
- 拡大図で普段気付かない秘密が隠されているものを探す。
  子どもたちは毎日下駄箱を見ているが，そこに穴が空いていることなど気
  付いていない。しかし，そこには穴が空いていて，空気の抜け道になり扉
  が開きやすくなっているのである。このように拡大図の中に秘密があるこ
  とが子どもの意欲を引き出し，拡大図を用いる必然性を子どもに実感させ
  ることになる。
- 子どもにいつもと違う目線でものごとを見つめる視点を育てる。
  クイズをもとに，普段見えていた世界でもよく見てみたら違う世界がある
  ということに気付かせる。普段とは別の視点からものごとを見ることで何
  気なく見ていたことの意味が分かってくることの楽しさも味わわせたい。

他教材での活用術

「気になる記号」（光村図書3年上），「想像力のスイッチを入れよう」（光
村図書5年）などの教材の導入時など，画像を見せることが効果的な教材で
使うことができる。

（細川太輔）

教師が使う場面　活動を促す

㊼ 5分で本を紹介するビブリオバトル

[ツール] パソコン（カウントダウンタイマーのウェブサイト等を表示），テレビ（またはプロジェクター）
[教材名] ビブリオバトルを楽しもう
[領　域] 話すこと・聞くこと　[時　間] 第3時（全3時間）

概要

　ビブリオバトルとは，公式ルール（知的書評合戦ビブリオバトル公式ウェブサイト http：//www.bibliobattle.jp/）によると，以下の通りである。
①発表参加者が読んで面白いと思った本を持って集まる。
②順番に1人5分間で本を紹介する。
③それぞれの発表の後に参加者全員でその発表に関するディスカッションを2～3分行う。
④全ての発表が終了した後に「どの本が一番読みたくなったか？」を基準とした投票を参加者全員で行い，最多票を集めたものを「チャンプ本」とする。
　ビブリオバトルを通して，自分の好きな本について自分の言葉で伝え合うコミュニケーション力を身に付けさせたい。また，ビブリオバトルは原稿を読んだり暗記したりするものではない。伝えたいことを頭の中でまとめて相手に伝えられる力も身に付けさせたい。さらに，繰り返し取り組むことで，言語能力や時間内に考えをまとめる力も養われる。

準備

　発表とその後のディスカッションのときに，テレビやプロジェクターにカウントダウンタイマーを映し出す。発表している本人よりも，聞いている人たちに見えやすい大きさで表示する。

手順

①本の紹介の仕方とビブリオバトルのルールや発表の順番を確認する。（5分）

126

②ビブリオバトルをする。(25分)
　　・発表の制限時間は1人5分。
　　・ディスカッションは1冊につき2〜3分。
　　・どの本に投票するかを決める。
　　・投票し，各グループのチャンプ本を決める。
③チャンプ本を決める。(5分)
　　・各グループのチャンプ本を板書する。
　　・グループの代表者（チャンプ本の紹介者）が本を紹介する。
　　・投票し，チャンプ本を決める。
④投票した理由を交流する。(5分)
⑤チャンプ本を発表する。(5分)

指導のポイント・留意点

- 制限時間はたっぷり使う。
　はじめは，5分間話し通すことは難しい。5分間という時間に慣れるためにも，原稿を作らず，話したいことを頭の中でまとめながら話し，5分間という時間に慣れさせる。
- カウントダウンタイマーが動いている5分間は，最後まで聞く。
　途中で質問したいことがあったり，発表者の言葉が出なくなってしまい止まってしまったりしても，聞き手はカウントダウンタイマーが0になるまで聞き，否定的な意見はしないことが原則である。相手の発表のよいところに気付いたり，次回の自らの発表に生かせるところを探したりしながら，集中して話を聞く態度を養わせたい。

教科書教材での活用術

　教科書には，「本はともだち」（光村図書1〜6年），「むかしばなしがいっぱい」（光村図書1年下）などで読んだ本を紹介する。

(河原麻利子)

教師が使う場面　　活動を促す

㊽ 写真を写して書く意欲を促進する

［ツール］写真
［教材名］お話を作ろう（低学年）
［領　域］書くこと　［時　間］第1時（全7時間）

概要

　この単元では，写真を用いて物語を書くことを指導する。単元開始時の導入で3枚の写真を見せ，順番を並び替えたり，簡単なお話づくりをしたりしてアニマシオンを行い，子どもたちに写真から想像を広げることのよさ，面白さを実感させ，主体的な活動につながるようにする。

準備

　想像が広がっていくような身の回りにある風景や物，動物などを写真に撮る。展開が想像しやすいように，予めはじめ・中・終わりにあたるような写真を用意する。単元を進めるにつれて，子どもたちがお話を想像し，自分で写真を撮りにいくことができるようにデジタルカメラやタブレット端末を用意しておく。

手順

①順序性のある3枚の写真をバラバラにして，掲示する。（10分）

T　この写真を見て分かることはありますか。
C　順番が違うよ。
C　冬の寒い日という感じがするな。
C　子どもが2人いるね。
T　写真を順番に並び替えてみましょう。
C　並び替える。

128

②写真からお話を考える。（30分）

T では，この３つの写真からお話を作ってみましょう。

C 雪が降ってきたから雪だるまを作ろうとしているところ。

C この２人は兄弟かな。

C 友達にも見えるよ。

C 鬼ごっこをしようとしたけど，雪が降ってきてしまったのではないかな。

T 同じ写真を見ても，想像するお話や登場人物が人によって違っていて面白いね。

指導のポイント・留意点

• 想像が膨らむような写真を複数用意する。

子どもたちは，お話を想像するために，写真から得られる情報を取り出し，他のものと関連付けていく。季節や場所の設定が分かりやすいものや，アップとルーズで撮った写真を用意するとよい。身近な物や風景の写真も普段とは異なる視点から観察したり，想像したりすることで，物事を多角的に見ることができる。

• お話の「中」を想像して，それに合う写真を撮る。

導入では，３枚の写真を並び替えてお話を作る。その後，はじめと終わりにあたる写真だけを掲示し，登場人物や場所を想像し「中」の展開を考えていく。お話の概要を考えたら「中」に合う写真を子どもが自分で撮りにいくことにより，身近なものや風景をもとにお話を想像して書くことができ，意欲を引き出すことができる。

他教材での活用術

「お話のさくしゃになろう」（光村図書２年下）の教材の導入時に，お話を想像するための手立てとして活用したり，単元後にお話を多作する際に活用したりすることができる。

（清浦夕樹）

教師が使う場面　活動を促す

㊾ コンテンツを使って活動イメージをもたせる

［ツール］パソコン，プロジェクター（大型テレビ）
［教材名］プラタナスの木（光村図書４年下）
［領　域］読むこと　［時　間］第５時（全８時間）

［概要］

　この単元では，対比されている事柄を見つけることを通して，登場人物の心情の変化を捉えることを指導する。物語教材において対比について学習するのは初めてであるため，既習教材である「一つの花」を例に，対比について理解させる。

［準備］

　プレゼンテーションソフトのコンテンツを作る。まず，「対比」の定義を１文で示すスライドを作る。次に「一つの花」の場面絵を提示するスライドを作る。できれば教科書をスキャンして画像も貼り付けるとよい。既習教材とはいえ，子どもたちは忘れていることが多いからだ。最後のスライドには，教師が考えた「『一つの花』で対比されているもの」を例示する。ポイントは，対比されているものを左右に分けて提示し，色を変えることである。

［手順］

①対比について知る。（5分）

T　新しい言葉を勉強します。（右図を見せ，読ませる）
C　対比。比べること
T　今まで勉強してきたことで考えます。
T　「一つの花」で対比されていたものは何でしたか。
C　一輪のコスモスと，一面のコスモス。

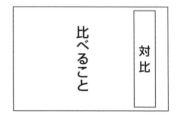

C 食べ物がなかったけど，お肉とお魚を選べるようになった。

② 「プラタナスの木」で対比されているものについて考える。(15分)

T では「プラタナスの木」で対比されているものはないかな？

C はじめはおじいさんがいたのに，最後にはいなくなっているよ。

C プラタナスの木も，後からは切られてなくなっているよ。

C 他にもないか探してみよう。

指導のポイント・留意点

• 今まで学習してきた教材をもとに，「対比」について教える。

1～4年生の間に学習してきた教材を想起させて，対比されているものを考えさせるとよい。教科書教材をもとにすると，どの子もイメージを共有できるので，活動イメージをもたせることが容易である。

• 「プラタナスの木」では区切りを指定する。

「台風が去った後と去る前で，対比されているものは何かな」と教師が区切りを指定して比較させるとよい。指定しないでさせると，「台風がきていない⇔きている」などの対比を子どもたちは見つける。これでは話の本質的な理解や教師のねらいから，大きく逸れてしまう可能性がある。

• 対比されているものを全て列挙させる。

対比されているものを探させると，子どもたちはたくさん見つけてくる。ここは「それは本当に大事かな？」などと対応せずに，どんな意見でも受け入れる。それぞれの対比の価値については，子どもたちの意見を全て列挙させてから検討していくとよい。

他教材での活用術

「アップとルーズで伝える」（光村図書4年下）などの教材で，対比について扱うことができる。また，詩や俳句などで対比について取り上げることも可能である。

(山戸　駿)

| 教師が使う場面 | 活動を促す |

㊿ グラフィックオーガナイザーで子どもの活動を促進する

[ツール] グラフィックオーガナイザー, ワークシート
[教材名] 一年生に向けて物語を書こう（教育出版6年下）
[領　域] 書くこと　[時　間] 第1時（全6時間）

概要

　この単元では，伝えたいことを明確にした上で物語の展開を考え，書くことを指導する。単元開始時にイメージマップを使って子どもの考えを広げたりまとめたりする活動を通し，思考を可視化することのよさ，整理することの大切さを実感させ，円滑な学習活動につなげていく。

準備

　WordやPowerPointを使ってワークシートを作成する。「図形」を組み合わせれば，簡単に作成することができる。また，インターネットにフリー素材も多数存在するため，その中のものを用いてもよい。

手順

① 「1年生」をテーマに考えを広げる。（15分）
T　6年生として4月から1年生とたくさん関わってきましたね。そんなみなさんから見た「1年生」を教えてください。
C　うーん，何だろう。かわいいかな。
T　そうですか。今みたいに，「1年生」と聞いて思いつくことを，できるだけ多くワークシートに書いてみましょう。（ワークシートを配る）（中略）
T　たくさん書けましたか？　みなさんの考えた「1年生」を黒板に集めてみましょう。（ワークシートを配り，黒板に貼らせる）

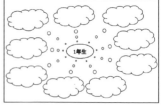

〈ワークシート〉

C　たくさん書いて集めてみると頭の中を整理できるね！
C　「わがまま」のような１年生の課題も見つかったよ！（中略）
②「１年生に伝えたいこと」を決める。(20分)
C　いろいろな考えが出たけど，バラバラで少し分かりにくいね。
T　では，同じような種類で考えを分類してみましょうか。（中略）
C　こうやって見ると課題がたくさんあるね。
T　そうだね。ここにある課題を参考に１年生に伝えたいことを決めて，物語に残しましょう。

〈板書〉

[指導のポイント・留意点]
・学習活動に合ったグラフィックオーガナイザーを用いる。
　本時の学習活動では，考えを広げるために「イメージマップ」を用いた。今後，物語のテーマと主人公の性格から登場人物の設定を考えるなど，２つ（もしくは３つ）の題材から考えを広げたり限定したりしたいときは「ベン図」を，物語の展開を考えるなど，筋道を立てて問題解決したり原因を追究したりするときは「ロジックツリー」を用いるなど，学習活動に応じたふさわしいグラフィックオーガナイザーを選ぶことが大切である。
・子どもの思考を可視化させる。
　グラフィックオーガナイザーを用いることで，思考を書いて表すことができる。自分の考えを効率的に整理することができるだけでなく，論理的思考力の育成にもつながる。

[他教材での活用術]
　「随筆を書こう」（教育出版６年上）での随筆や「森林のはたらきと健康」（教育出版６年上）での推薦文など，自分の考えを書き表す活動がある単元において，グラフィックオーガナイザーは思考の組み立ての手助けとなる。

（向井　簾）

【執筆者一覧】（執筆順）

細川　太輔	東京学芸大学准教授
鈴木　秀樹	東京学芸大学附属小金井小学校
齊藤　佑季	東京都世田谷区立中丸小学校
山川　　研	東京都立足立西高等学校
田中　　瞳	東京都足立区立弥生小学校
稲葉　通太	大阪府立堺聴覚支援学校
笛田　圭祐	東京都立深沢高等学校
堀口　史哲	立教女学院小学校
小池　翔太	千葉大学教育学部附属小学校
佐藤　正範	東京学芸大学附属竹早小学校
河原麻利子	東京都東久留米市立第一小学校
村上　貴一	東京都渋谷区立加計塚小学校
橋浦　龍彦	東京都北区立豊川小学校
堀尾　美央	滋賀県立米原高等学校
前川　智美	東京都板橋区立高島第二中学校
堀田　裕人	東京都葛飾区立飯塚小学校
芳賀　未来	東京都墨田区立押上小学校
山戸　　駿	石川県小松市立苗代小学校
向井　　簾	東京都江戸川区立大杉第二小学校
江原　瑞貴	さいたま市教育委員会指導主事
道勇　公美	東京都町田市立鶴川中学校
石井　裕子	東京都府中市立府中第三小学校
本部　聖子	東京都小平市立第十小学校
小林　美聡	東京都葛飾区立梅田小学校
清浦　夕樹	東京都港区立赤羽小学校

【編著者紹介】

細川　太輔（ほそかわ　たいすけ）
1978年東京都生まれ。東京学芸大学准教授。東京大学教育学部卒業，東京学芸大学連合大学院修了。教育学博士。私立小学校教諭，東京学芸大学附属小金井小学校教諭，東京学芸大学講師を経て，現職。

鈴木　秀樹（すずき　ひでき）
1966年東京都生まれ。東京学芸大学附属小金井小学校教諭。東京学芸大学非常勤講師・ICTセンター所員。慶應義塾大学大学院修士課程修了。日本感性教育学会理事。日本サウンドスケープ協会理事。私立小学校教諭を経て2016年より現職。主たる研究テーマは「ICTを活用したインクルーシブ教育の実現」。

国語授業アイデア事典

楽しみながら力を付ける！
国語授業のICT簡単面白活用術50

2019年8月初版第1刷刊　Ⓒ編著者	細川太輔・鈴木秀樹
2021年7月初版第4刷刊	発行者　藤　原　光　政
	発行所　明治図書出版株式会社

http://www.meijitosho.co.jp
(企画)木山麻衣子 (校正)㈱東図企画
〒114-0023　東京都北区滝野川7-46-1
振替00160-5-151318　電話03(5907)6702
ご注文窓口　電話03(5907)6668

＊検印省略　　　　組版所　株式会社木元省美堂

本書の無断コピーは，著作権・出版権にふれます。ご注意ください。

Printed in Japan　　　　ISBN978-4-18-295312-5
もれなくクーポンがもらえる！読者アンケートはこちらから →

好評発売中！

365日の授業で使える「思考の可視化ツール」が大集合！

国語授業アイデア事典

 小学校国語科

学び合いの授業で使える！
「思考の可視化ツール」

細川太輔・北川雅浩 編著

A5判・136頁　本体価1,900円+税　図書番号：2113

「主体的・対話的で深い学び」の授業改善に欠かせない交流や話し合い活動。思考を可視化するツールを使い、活動を通して子どもが学び合う授業をどのように仕組めばよいのか。可視化ツールの実物から指導技術、学年領域別授業アイデアまでこの1冊でまるごと分かります！

国語授業の振り返り指導の全てが分かる！

国語授業アイデア事典

 小学校国語科

主体的に学習に取り組む態度を育てる！
振り返り指導アイデア

細川太輔・成家雅史 編著

A5判・136頁　本体価1,800円+税　図書番号：2954

子どもが自らの学習を客観視し次の学びにつなげる力や主体的に学習に取り組む態度を育てる振り返り指導について、ノートやワークシート、板書、ICTを使った日々の授業の振り返りから年間の振り返り、また教科書教材に合わせた領域別振り返り指導の実践まで一挙公開！

明治図書　携帯・スマートフォンからは　**明治図書ONLINEへ**　書籍の検索、注文ができます。▶▶▶

http://www.meijitosho.co.jp　＊併記4桁の図書番号（英数字）でHP、携帯での検索・注文が簡単に行えます。

〒114-0023　東京都北区滝野川7-46-1　ご注文窓口　TEL（03）5907-6668　FAX（050）3156-2790